Lothar-Rüdiger Lütge

Einführung in den VEDANTA

Ausgewählte Vorträge

von

Sri Dharma Pravartaka Acharya

Die Übersetzung der Vorträge aus dem Englischen
erfolgte durch den Herausgeber.

Lothar-Rüdiger Lütge

Einführung in den VEDANTA

Ausgewählte Vorträge

von

Sri Dharma Pravartaka Acharya

Herstellung und Verlag
BoD™ – Books on Demand, Norderstedt

ISBN: 9 783744 817172

Bibliographische Information der Deutschen Bibliothek:

Die deutsche Bibliothek verzeichnet diese Publikation in der
Deutschen Nationalbibliographie; detaillierte bibliographische
Daten sind im Internet abrufbar über: http://dnb.ddb.de

Inhalt

Vorwort

Als ich vor vielen Jahren das erste Mal in einem der Haupt-
werke der **Vedanta-Philosophie** las – es waren Auszüge aus
den Upanischaden –, wusste ich sofort, dass ich mit meiner
spirituellen Suche an der Quelle der Wahrheit angekommen
bin! Ich sagte spontan zu mir selbst: Was soll jetzt noch kommen! Du hast den Grund des Sees erreicht!

Was ich damals nicht wusste, war, dass es einer kompetenten
und weisen Interpretation dieser Quellen-Texte bedarf, damit
sie das Licht der Wahrheit offenbaren können. Denn, wie alles
in dieser Welt, können auch die am hellsten strahlenden Ster-
ne leicht verdunkelt werden, wenn man sie durch eine getönte
Brille betrachtet oder wenn der Zeitgeist einen Vorhang vor sie
schiebt. Und dies geschieht immer dann, wenn bei der Wie-
dergabe und Interpretation der vedischen Texte fremde philosophische Ansätze oder falsche persönliche Überzeugungen
im Spiel sind, die dem ursprünglichen Sinn der Schriften wi-
dersprechen.

Es bedarf eines kompetenten und weisen Führers, der all die
oft verborgenen Pfade, die zur Wahrheit führen, kennt und der
die auftretenden Täuschungen und Hindernisse aus dem Weg
räumen kann. Um einen solchen außerordentlichen Lehrer
und Wegbegleiter handelt es sich bei **Sri Dharma Pravartaka
Acharya**.

Jeder, der seine Vorträge hört oder seine Texte liest, erfasst
intuitiv, dass er auf einen ganz außerordentlichen und ganz
herausragendes Menschen gestoßen ist: Auf einen authentischen Lehrer des echten, unverfälschten **Sanatana Dharma**,
der im Westen geboren wurde und in der westlichen Welt zuhause ist! Sri Dharma Pravartaka Acharya lehrt die wahren

Werte des Sanatana Dharma, also die Werte der authentischen **vedischen Philosophie**, und setzt diese in Bezug zu unserer heutigen Welt, zu unserem Leben in der modernen westlichen Gesellschaft. So etwas hat es, in dieser Form und in dieser Qualität, bisher nicht gegeben!

In der Person von Sri Dharma Pravartaka Acharya haben wir einen anerkannten und geachteten Vertreter und Lehrer der ursprünglichen vedischen Philosophie und der vedischen Kultur vor uns, der in der Lage ist, uns die Inhalte und Lehren des Santana Dharma, der ewigen, universell gültigen, geistigen Gesetze des Seins, so zu präsentieren, dass wir sie auch in unserer heutigen westlichen Kultur verstehen und anwenden können. Seine Unterweisungen führen uns nicht zu einer weltabgewandten Haltung, sie wollen uns vielmehr, ganz im Gegenteil, dabei helfen, ein aktives Leben im Licht der ewigen universellen Wahrheit zu führen.

Nach seiner Auffassung ist es unsere Aufgabe, eine Balance zu finden, zwischen Yoga, Meditation und dem Studium der vedischen Schriften auf der einen Seite sowie unserem familiären, beruflichen, gesellschaftlichen oder auch politischen Engagement auf der anderen Seite. Beides gehört zusammen, soll eine Einheit bilden und in ausgewogener Harmonie im Licht der Wahrheit von uns gelebt werden. Er selbst dient als Beispiel für diese gelebte Synthese aus Ost und West, denn er ist sowohl formal ordinierter Priester in der Vaishnava-Tradition des Sanatana Dharma und besitzt zugleich einen akademischen Grad als Doktor der Philosophie sowie unterschiedliche Titel und Auszeichnungen verschiedener Universitäten.

Mit Sri Dharma Pravartaka Acharya haben wir also keinen weiteren, beliebigen New-Age-Guru vor uns, der uns mit einem farbenfrohen Hinduismus-Light beglückt, und auch keinen Vertreter des heute oft üblichen, radikalen Universalismus, der alle Religionen und alle Formen der Spiritualität in einen Topf wirft und unsortierte Einheit predigt. Stattdessen begegnen wir hier einem ernsthaften Vertreter des wahren, traditionellen Sanatana Dharma, der einer lebendigen vedischen Traditionslinie angehört (Vishnuismus/Shri-Sampradaya) und in seiner Heimat, den Vereinigten Staaten von Amerika, ein weithin bekannter und anerkannter spiritueller Lehrer ist.

Die hier veröffentlichten Vorträge von Sri Dharma Pravartaka Acharya wurden von ihm in den zurückliegenden Jahren vor seiner Schülern an unterschiedlichen Orten in den USA gehalten. Sie ergeben in ihrer Gesamtheit eine hervorragende Einführung in die Grundlagen und in die zentralen Aspekte der Vedanta-Philosophie, so wie sie im Sanatana Dharma ursprünglich gemeint ist! Um die wahre Philosophie des Vedanta von ihren Grundlagen her zu verstehen, bedarf es eines solchen herausragenden Lehrers, dessen Unterweisungen den originären Traditionen der vedischen Quellen entsprechen!

Ich freue mich sehr und fühle mich geehrt, dass Sri Dharma Pravartaka Acharya mit der Übersetzung und Veröffentlichung seiner Reden auf Deutsch sofort einverstanden war und dieses Vorhaben von Anfang an aktiv unterstützt hat. Ich habe mich bemüht, die Übertragung des gesprochenen Wortes aus dem Englischen ins Deutsche so behutsam vorzunehmen, dass ein gut lesbarer deutscher Text entsteht, ohne dass inhaltlich substanzielle Änderungen erfolgt sind.

Allen Lesern wünsche ich, durch die besonderen Vorträge dieses außergewöhnlichen Lehrers berührt und bereichert zu werden.

Hamburg, den 25. Mai 2017

Lothar-Rüdiger Lütge

Einführung

Es ist mir eine große Freude, mich persönlich an die Leser meiner Bücher in Deutschland wenden zu können.

Die Menschen in Deutschland hatten während meines Lebens immer einen ganz besonderen Platz in meinem Herzen und ich hatte für sie immer einen tiefen Respekt; wegen ihrer besonderen Geschichte, wegen ihrer Literatur und ihrer Philosophie und wegen der unzähligen sonstigen Beiträgen des deutschen Geistes, die zu den Grundlagen des Europäischen und Nordamerikanischen Fortschritts zählen. Die Welt verdankt Deutschland im Laufe der Geschichte viele große Persönlichkeiten, die dazu beigetragen haben, die Entwicklung der Menschheit voranzutreiben.

Was den meisten Menschen unbekannt ist, ist die Tatsache, dass die vedische Spiritualität und das historische germanische Volk tatsächlich eine sehr lange und enge Geschichte miteinander teilen, eine Nähe, die bis in die vorchristliche Ära zurückreicht und sich zugleich bis in die Gegenwart erstreckt.

Wie ich in einigen meiner Bücher, zum Beispiel in **Sanatana Dharma – The Eternal Natural Way** oder auch in **Dharma-Manifesto** beschrieben habe, sind eine sehr große Anzahl vorchristlicher, germanischer religiöser Konzepte, Praktiken und Symbole in vielerlei Hinsicht mit der Kern-Essenz der vedischen Tradition und mit dem Sanatana Dharma sehr nahe verwandt.

Die antike germanische Spiritualität ist bekannt dafür, dass sie über ähnliche Werte, einen ähnlichen Ethos und eine ähnliche Weltanschauung verfügt hat wie die vedische Kultur. Ebenso entspricht die Art und Weise der Verehrung der Götter, der

Vorfahren und der Naturkräfte den entsprechenden Vorgängen, die in der vedischen Kultur gefunden werden.

Tatsächlich habe ich in der Vergangenheit immer wieder gesagt, dass die vorchristliche germanische Religion und das Sanatana Dharma nicht nur Schwestertraditionen sind, sondern dass es sich sogar um Zwillingsschwestern handelt! Da sowohl die germanischen als auch die vedischen Traditionen zu den ältesten indoeuropäischen Kulturen gehören, sollte diese Tatsache niemanden überraschen.

In späterer Zeit haben sich auch die deutschen intellektuellen Entwicklungen tief im Geiste der vedischen Tradition vollzogen. Die philosophischen Aussagen herausragender intellektueller Größen wie Leibniz, Hegel und Schopenhauer sind ein Widerhall der viel älteren ontologischen Sätze von Patanjali, Vyasa und Ramanuja. Das Leben und die Lehren namhafter deutscher Mystiker wie Meister Eckhart, Johannes Tauler und Hildegard von Bingen gleichen den inspirierenden Beispielen vedischer Mystiker wie Devarshi Narada, den zwölf Alvars und Chaitanya Mahaprabhu.

Philosophische Repräsentanten der deutschen und der vedischen Denkschulen haben in bestimmten Bereichen der Philosophie, wie z.B. der Erkenntnistheorie, der Metaphysik, der Ontologie, der Ästhetik und der Ethik, historisch unvergleichliche Höhen erreicht.

Aus diesem Grund ist die vedische Schule des **Vedanta** seit über zwei Jahrhunderten für die deutschen Gelehrten und die deutsche Öffentlichkeit interessant. Vedanta stellt nicht nur das am höchsten entwickelte philosophische System in der asiatischen Philosophie dar, sondern darüber hinaus wohl auch das am höchsten entwickelte philosophische System im

Bereich der gesamten Philosophie, sowohl der östlichen als auch der westlichen.

Der Begriff Vedanta selbst besteht aus einer Kombination von zwei Sanskrit-Wörtern: Veda, das bedeutet Wissen bzw. Weisheit; und: Anta, das bedeutet Höhepunkt oder auch Krönung. Daher steht Vedanta für den Höhepunkt oder die Krönung des Wissens bzw. der Weisheit.

Im Vedanta geht es um das philosophische und erfahrungsmäßige Streben nach dem Höchsten Absoluten, das im Sanskrit mit dem Begriff Brahman bezeichnet wird. Brahman ist das Äquivalent für das, was im westlichen theologischen und philosophischen Denken allgemein als Gott oder als das Göttliche bezeichnet wird.

Während in der westlichen Welt bereits die Frage, ob es überhaupt möglich ist, eine genaue Kenntnis von Gott zu erlangen, für erbitterte Diskussionen sorgt, beginnt Vedanta dagegen mit der entschlossenen Behauptung, dass Gott nicht nur erkannt werden kann, Vedanta sagt darüber hinaus, dass man sogleich damit beginnen soll, Gott persönlich zu begegnen.

So beginnen die Brahma Sutras, der maßgeblichste vedantische Text, mit den Worten: Athato brahma jijnasa: **Jetzt ist es an der Zeit, sich mit der Natur Brahmans (des Absoluten) zu beschäftigen.** (Brahma Sutra, 1.1.1)

Das Ziel von Vedanta ist es, eine persönliche und unmittelbare Kenntnis von Gott zu gewinnen!

Das vorliegende Buch besteht aus der Niederschrift einer Reihe von Vorträgen, die ich vor unterschiedlichem Publikum gehalten habe. Die Vorträge waren dazu bestimmt, den Zuhörern bei ihrer Suche nach dem Wesen und der Natur des Absoluten zu helfen. Und ich wollte dabei zugleich aufzeigen, wie dies in einer Art und Weise geschieht, die mit dem orthodoxen vedischen Verständnis und den philosophischen Schlussfolgerungen des Vedanta übereinstimmt.

Es ist meine aufrichtige Hoffnung, dass dieses Buch dazu dienen wird, sowohl den Intellekt als auch das Herz seiner Leser zu befriedigen, und dass es dazu dienen wird, die Leser zu ermutigen, die tiefgründige Weltanschauung und die spirituellen Praktiken der alten vedischen Tradition noch tiefer zu erforschen.

Wenn man sich mit Aufrichtigkeit und Demut auf den Weg des Vedanta begibt, sich dabei sowohl von seinem scharfen Verstand als auch von dem intensiven Wunsch, Gott zu erkennen, leiten lässt und all dies mit der unentbehrlichen Anleitung durch einen authentischen Guru (spiritueller Lehrer) verbindet, dann führt das eigene Streben mit Sicherheit zum Erfolg!

Abschließend möchte ich Lothar-Rüdiger Lütge für seine göttlich inspirierte Idee danken, meine Vedanta-Vorträge in Buchform in deutscher Sprache zu veröffentlichen. Ich danke ihm für seine selbstlose Arbeit bei der Niederschrift und der Übertragung des englischen Originaltextes und für die mit der Veröffentlichung und Herausgabe des Buchs verbundene Arbeit.

Darüber hinaus möchte ich Tulasi Devi Mandaleshvari für ihre unschätzbare Hilfe bei der Erstellung des Cover-Designs danken. Herzlich danken muss ich ferner Vaidya Savitri Devi für ihre unendliche Unterstützung und Ermutigung.

Aum Tat Sat
Sri Dharma Pravartaka Acharya

International Sanatana Dharma Society
Dharmacentral.com

5. April 2017

Vedanta – Die Krone der Weisheit

Für diejenigen, die sich dessen vielleicht nicht bewusst sind: Unser gemeinsames Singen in den zurückliegenden Minuten, das war Vedanta! Wir praktizierten Vedanta! Wir sprachen nicht über Vedanta, wir dachten nicht an Vedanta, und wir diskutierten auch nicht über Vedanta, stattdessen führten wir Vedanta aus, indem wir diese wunderbaren Mantren gesungen haben.

Was bedeutet Vedanta? Wie sicher viele bereits wissen, setzt sich der Begriff Vedanta aus zwei Wörtern zusammen: Veda und Anta! Veda ist ein interessanter Begriff. Veda bedeutet ganz einfach: etwas zu wissen! Kenntnis über etwas besitzen! Gemeint ist hier sowohl Wissen in einem ganz allgemeinen, breiten Sinne, aber gemeint ist auch Wissen im spezifischen Sinn, bezogen auf die Shastras, also auf die Texte des Santana Dharma. Der Begriff Anta auf der anderen Seite meint schlicht das Ende, die Schlussfolgerung, den Höhepunkt von etwas. Zusammengenommen bedeutet das: Wenn wir über Vedanta sprechen, sprechen wir vom tatsächlichen, endgültigen Zweck des Veda!

Was ist der tatsächliche Zweck von spirituellem Wissen, von spiritueller Wahrheit, von der Wahrheit selbst? Was ist es eigentlich, das wir tatsächlich wissen wollen? Veda bedeutet ja, etwas zu wissen. Und was wollen wir wissen? Als lebende Wesen können wir nicht anders, als Dinge wissen zu wollen! Es ist einer der Aspekte, ein Mensch zu sein, dass wir Dinge wissen wollen. Sogar dann, wenn wir nicht besonders philosophisch veranlagt sind, lesen wir Zeitung, wir benutzen das Internet und hören auf das, was so erzählt wird. Wir wollen Dinge erfahren. Es ist tatsächlich eine der Bedeutungen, ein lebendes Wesen, ein Atman, zu sein, dass wir dieses Be-

21

wusstsein, diese Fähigkeit haben, Dinge wissen zu wollen und wissen zu können.

Was bedeutet es nun ganz speziell, etwas Spirituelles zu wissen? Nun, spirituell etwas zu wissen bedeutet, dass wir dasjenige, um das es geht, auch konkret erfahren! Genau darin unterscheidet sich die spirituelle Wirklichkeit von der rationalen Wirklichkeit. Wenn ich zu ihnen sage: Ich kann ihnen alles über Japan erzählen. Ich kann ihnen alles über die geografischen Gegebenheiten in Japan erzählen, über die ökonomischen Faktoren und die Geschichte Japans. Dann ist das schön und gut. Wenn ich allerdings niemals dort gewesen bin und ich keine eigenen Erfahrungen habe, dann existiert das alles nur in meinem Kopf, es ist nichts, was mich tatsächlich berührt hat und in mein Sein eingedrungen ist. Wenn ich dorthin reise, habe ich eine ganz andere Wahrnehmung von Japan. Jetzt rieche ich es, ich sehe es, ich erfahre etwas, das man aus Büchern nicht lernen kann. In gleicher Weise bedeutet das: Der einzige Weg, auf dem wir etwas Spirituelles wirklich verstehen können, ist, es konkret zu erleben.

Als menschliche Wesen gibt es bei uns allen ein universelles Phänomen: Alle menschlichen Wesen hinterfragen ihre Existenz! An diesem oder jenem Punkt in unserem Leben halten wir inne und fragen uns: Um was geht es hier eigentlich? Warum bin ich da? Wie ist die Natur dieser Realität? Wie kommt es, dass ich von all den Dingen umgeben bin, wenn ich meine Augen öffne? Obwohl da eigentlich auch Nichts sein könnte. Es könnte tatsächlich sehr leicht auch Nichts vorhanden sein, aber wenn wir morgens unsere Augen öffnen, sind all die Dinge um uns herum vorhanden. Wir erleben dann unsere bekannte Realität.

Wenn wir nun an den Punkt kommen, dass wir uns selbst diese philosophischen Fragen stellen und uns das Universum um uns herum ansehen, dann gibt es auf unsere Fragen interessanterweise nur zwei unterschiedliche Antworten. Es sind tatsächlich nur zwei Antworten, die dann später noch ergänzt werden. Die erste Antwort lautet wie folgt: Wenn ich mich umsehe und über den Kosmos nachdenke, komme ich zu der Schlussfolgerung, dass es keinen dahinterstehenden Sinn gibt. Es gibt keine göttliche Intelligenz hinter den Dingen. Alles geschieht zufällig und auf chaotische Weise. Nichts hat irgendeine Bedeutung. Es gibt keinen verborgenen Sinn und keinen verborgenen Inhalt hinter den Dingen, die ich erlebe oder die mir widerfahren. Darum lass mich einfach mein Leben leben, bis ich schließlich sterbe. Und das war es dann! Das ist die erste Schlussfolgerung, die wir wählen können.

Aber wir können auch die zweite Schlussfolgerung wählen, wenn wir uns das Universum um uns herum ansehen. Und diese zweite Schlussfolgerung lautet wie folgt: Wenn ich meine Augen öffne und mich umsehe, staune ich! Ich kann erkennen, dass die Dinge, auch wenn sie manchmal chaotisch erscheinen, einer dahinterstehenden Ordnung folgen. Dass es eine Harmonie hinter den Dingen gibt. Dass es tatsächlich eine Wirklichkeit über und hinter der physischen, materiellen Wirklichkeit gibt, die ich mit meinen Augen sehen und mit meinen Ohren hören kann. Dass tatsächlich hinter allem eine göttliche Intelligenz steht. Wenn ich nur für kurze Zeit und nur in kleinen Ausschnitten auf die Welt schaue, scheinen die Dinge vielleicht chaotisch zu sein, aber wenn ich größere Zusammenhänge und längere Zeiträume betrachte, beginnen viele Dinge einen Sinn zu bekommen. Es gibt eine Ordnung, es gibt Prinzipien, es gibt ein Gesetz im Universum, und das ist ein göttliches Gesetz, ein Naturgesetz, und dieses Gesetz heißt: Dharma! Dies ist also die zweite Option, die wir haben, wenn wir das Universum betrachten. Und wenn wir in dieser zweiten alternativen Weise die Welt betrachten, dann ist das Universum plötzlich, wie gerade beschrieben, voll Bedeutung, und dies genau nennt man Dharma. Das ist die Bedeutung von diesem sehr wichtigen Sanskrit-Wort: Dharma.

Oft bitten mich die Menschen, den Hinduismus in ein, zwei Sätzen zu beschreiben, was, wie ihr wisst, sehr schwierig ist. Historisch gesehen ist der Hinduismus mindestens 5.000 Jahre alt. Das ist die historische Betrachtung. Tatsächlich allerdings ist die Lehre: Sanatana, das ist ebenfalls ein Sanskritbegriff und bedeutet: ewig. Wie soll man das in wenigen Sätzen erklären? Wie kann man etwas so Reichhaltiges und Tiefes wie die vedische Kultur in wenigen Sätzen beschreiben? Wenn ich trotzdem gezwungen bin, genau das zu versuchen, dann erzähle ich folgendes: Es geht im Hinduismus um die Lehre des Sanatana Dharma, d.h. um das ewige Gesetz des Seins. Wenn man diese beiden kleinen Worte versteht, die so bedeutungsvoll und so inhaltsschwer sind, dann sieht man in das Herz des Hinduismus. Die beiden Wörter können auf ein kleines Stück Papier geschrieben werden, aber ihre Bedeutung ist so tief wie ein grenzenloser Ozean. Sanatana Dharma stellt das Zentrum des Hinduismus dar, die beiden Wörter stehen für das ewige natürliche Gesetz des Seins, und damit stehen sie für die ewige Wahrheit, und wenn diese Wahrheit tatsächlich etwas Bedeutungsvolles und etwas Ewiges ist, dann zeigt sie sich umgekehrt im Sanatana Dharma, im ewigen Gesetz des Seins. Mit anderen Worten: Die Wahrheit, die ewige Wahrheit, verändert sich nicht. Wahrheit ist nicht von Meinungen abhängig. Sie unterliegt auch nicht irgendwelchen Spekulationen. Wahrheit unterliegt auch nicht der Mode und sie ist keine Modeerscheinung. Stattdessen ist die Wahrheit zum Ersten ewig und unwandelbar, und zum Zweiten muss die

Wahrheit etwas sein, das alle menschlichen Grenzen, incl. die Grenzen der Religion, übersteigt!

Das Letzte mag für manche Menschen etwas radikal klingen, das sollte es aber nicht, wenn man Sanatana Dharma wirklich kennt und versteht. Religion im menschlichen, also in dem vom Menschen gemachten Sinne, hat mit der Wahrheit nichts zu tun und hat daher also auch mit Sanatana Dharma nichts zu tun. Religion kann manchmal als Instrument für die Wahrheit dienen, tatsächlich jedoch transzendiert, also übersteigt, die Wahrheit alle menschengemachten Dinge, incl. der religiösen Lehren und Praktiken. Das Wort Dharma bedeutet denn auch nicht Religion, sondern: natürliches Gesetz des Seins. Dieses Gesetz existiert immer und kann von allen Wesen erkannt werden.

Darum geht es also beim Sanatana Dharma, um das ewige natürliche Gesetz des Seins. Und wie stellt sich Sanatana Dharma konkret dar? Wie können wir als lebende Wesen Zugang zu dieser sehr hoch klingenden Wahrheit haben? Nun, wir haben tatsächlich auf verschiedene Weise direkten Zugang dazu. Zuerst einmal sind wir selbst Manifestationen dieser Wahrheit. Wenn wir herausfinden, was und wer wir wirklich sind, in unserem innersten Sein, dann entdecken wir in uns diesen wunderbaren inneren Kern, Atman, der eine Reflektion des Göttlichen ist. Wenn wir also über die Wahrheit sprechen, dann sprechen wir nicht über etwas, das weit entfernt und so transzendent ist, dass wir nur darüber spekulieren können, das wir aber nie erreichen. Nein, ganz im Gegenteil, die Wahrheit ist uns näher, als wir selbst es sind. Die Wahrheit ist uns näher, als wir es uns überhaupt vorstellen können. Näher als alles, was wir erkennen und berühren können. Und wenn ich diese Blumen, hier neben mir, jetzt sehr leicht berühren kann, so ist die Wahrheit dennoch noch viel näher und leichter erreichbar. Ganz besonders und ganz praktisch gesprochen, nähern wir uns der Wahrheit durch die vedische Kultur, durch die vedische Religion, die vedische Spiritualität.

Eine Besonderheit der vedischen Kultur und der vedischen Spiritualität, die mich immer wieder verblüfft, liegt in Folgendem: Bei nahezu jeder anderen menschengemachten Religion auf der Welt ist es so, dass jeder einzelne Mensch sich in der Regel verändern muss, um den Anforderungen der Religion zu entsprechen. Wie wird man ein Mitglied der jeweiligen Religion? Indem man sich ändert, um in das System hineinzupassen und dessen Anforderungen zu genügen. Das ganz Besondere der vedischen Kultur bzw. der vedischen Religion liegt darin, dass sie jeden akzeptiert, unabhängig davon, wer wir sind und wo wir uns selbst einordnen. Und das hat einen Grund. Die vedische Kultur versteht, dass wir als ewige Wesen alle bereits seit einer langen Zeit hier sind. Wir alle haben bereits umfangreiche Erfahrungen, und als Ergebnis davon sind wir alle anders und unterschiedlich.

Einige von uns sind sehr spirituell, andere sind nicht besonders spirituell. Und wenn wir spirituell sind, so sind wir es auf unterschiedliche Arten. Es ist interessant, dass die Menschen, die nur wenig über Spiritualität wissen, alle spirituellen Menschen gern in einen großen gemeinsamen Topf werfen, aber das stimmt nicht, es gibt tatsächlich große Unterschiede zwischen den Menschen, die sich selbst als spirituell bezeichnen. Auch müssen die Menschen, die spirituell sind, nicht unbedingt das gleiche Ziel anstreben. Die Menschen werden von allen Arten unterschiedlicher Wünsche angetrieben. Dies gilt auch, wenn sie beginnen, sich für Spiritualität zu interessieren. Wir können das überall beobachten. Auf der einen Seite kann sich eine Person als spirituell bezeichnen und niemals auch nur einem kleinen Insekt ein Haar krümmen und auf der ande-

26

ren Seite gibt es jemanden wie Osama Bin Laden. Wie kann man diese große Bandbreite erklären? Das liegt daran, dass die Menschen durch unterschiedliche Dinge motiviert werden, auch in der Religion, auch in der Spiritualität. Wir sollten im Auge behalten, dass das Geniale an der vedischen Kultur und der vedischen Spiritualität darin liegt, dass jeder berücksichtigt wird.

Wenn wir jetzt noch einmal zum Veda zurückkommen und uns die Schriften des Sanatana Dharma, des Hinduismus, ansehen, dann verstehen wir, warum wir nicht nur ein einziges Buch haben. Ich kenne so viele Menschen, die als Hindu geboren wurden und die zu mir kommen und sagen: Warum können wir nicht nur ein einziges Buch haben, wie all die westlichen Religionen? Warum können wir nicht nur ein Buch, wie z.B. den Koran, haben? Ein Buch, das sehr einfach ist, und wenn man es in seine Tasche steckt, hat man alle Antworten bei sich. Und das war's! Und ich antworte ihnen dann wie folgt: Ich weiß, dass es etwas entmutigend ist, insbesondere wenn man nicht gerade ein begeisterte Leser ist oder wenn man nur wenig Zeit hat, aber der Reichtum dieser Kultur liegt gerade darin, dass wir so viele Schriften haben, um all die unterschiedlichen Menschen anzusprechen, unabhängig davon, wie sie sind und welche Interessen sie verfolgen. Darum haben wir auch Schriften für Menschen, die zwar an Spiritualität interessiert sind, die aber Spiritualität lediglich als einen Zeitvertreib sehen und keine Fortschritte machen wollen. So gut wie keine andere Religion hat so etwas, aber wir. Wo bleiben also all die Menschen, die zwar an Spiritualität interessiert sind, die aber weder das Ziel haben, Gott zu erkennen, noch an Selbsterkenntnis interessiert sind. Ihr Ziel ist es auch nicht, aus Samsara, dem ewigen Kreislauf von Leben und Tod, auszubrechen. Stattdessen wollen sie einfach gute, ordentliche Menschen sein und ein gutes Leben in der Welt haben. Und, sie werden es ahnen, ja, es gibt im Hinduismus auch Schriften für diese Menschen. Der Sanskrit-Begriff dafür lautet Karma Kanda. Karma Kanda bezeichnet die Teile der Schriften, die insbesondere für die Menschen interessant sind, die sich einen Aufstieg in der materiellen Welt wünschen, aber keine Interessen haben, die über die materielle Welt hinausgehen. Diese Schriften umfassen große Teile der Veden sowie die Brahmanas und Teile der Aranyakas. Es werden also auch die Menschen berücksichtigt, die Fortschritte in der materiellen Welt machen wollen und dies auf eine halbwegs spirituelle Art und Weise erreichen möchten.

Für die Menschen allerdings, die tatsächlich die Wahrheit erkennen wollen, die wirklich Gott erkennen möchten, die die Gottes Gegenwart in ihrem Leben wirklich erleben wollen und dem Sinn des Leben entsprechen möchten, für diese Menschen gibt es die zweite Gruppe von Schriften, die mit dem Sanskrit-Begriff Jnana Kanda bezeichnet wird. Hier handelt es sich insbesondere um die Upanischaden. Dies ist der Pfad für die Menschen, die wirklich wissen wollen, wer sie sind, die ihren Atman, ihr wahres Selbst, erkennen möchten und Gott erkennen wollen. Und dies ist Vedanta.

Wenn wir über die Vedanta-Philosophie sprechen, dann sprechen wir im Wesentlichen über die Philosophie aus den folgenden drei Arten von Schriften. Zum einen sind da die Upanischaden, und zwar insbesondere die 12 Haupttexte. Wir wissen, dass es insgesamt 108 Upanischaden gibt, von besonderer Bedeutung sind jedoch hier die 12 Haupttexte. Neben den Upanischaden sprechen wir als zweites über die Bhagavad Gita und dann als drittes über ein weiteres wundervolles Buch, die Brahma Sutras. Das ist das Schriften-Fundament der Philosophie, die als Vedanta bekannt ist.

Was ist nun das Ziel von Vedanta? Warum praktizieren wir Vedanta? Es geht dabei um die Erkenntnis von zwei Dingen. Erstens: die Selbsterkenntnis! Wir wollen erkennen, wer wir sind! Und wenn ich davon spreche, dass wir uns selbst kennenlernen sollen, dann wird es wenigsten eine Person unter uns geben, die im Stillen denkt: Na ja, was soll das, ich weiß doch, wer ich bin! Wovon spricht der Mann? Meint er, wir sind verrückt? Wir wissen doch alle wer wir sind! Wenn ich in diesem Raum umhergehe und jeden Einzelnen frage: Wer bist du?, dann könnte mir jeder eine Antwort geben, jeder! Jeder könnte seine Brieftasche hervorholen, einen Führerschein herausnehmen und sagen. Hier, das bin ich! Da ist ein Bild von mir drauf und alle persönlichen Daten. Ich heiße so und so, ich bin so und so groß, habe die und die Haarfarbe, ich wiege so und so viel usw., usw. Das kann jeder tun, nicht wahr! Hier nun meine Frage: Würden diese Informationen falsch sein? Nein, sie wären überhaupt nicht falsch, sondern vollkommen richtig. Die Informationen auf unserem Ausweis oder unserem Führerschein sind richtig, die Frage ist jedoch, stellen diese Informationen die Ganzheit dessen dar, was du wirklich bist? Ist das, was auf der kleinen Karte steht, die leicht in deine Brieftasche passt, wirklich absolut alles, was du bist? Bist du tatsächlich nur eine Sammlung von Informationen? Nehmen wir einmal an, wir können alle Informationen und Fakten über dich zusammentragen, deine ganze Geschichte und Vergangenheit und wir schreiben das Ganze auf eine riesige Leinwand, größer als dieses Haus. Nichts wurde vergessen oder ausgelassen. Ist das alles, was du bist? Eine Sammlung von Fakten und Beschreibungen und Berechnungen sowie deine Größe und deine Augenfarbe und deine Lieblings-Eissorten. Ist das alles, was du bist?

Was meine ich also, wenn ich davon sprechen, wir müssen uns selbst kennen? Worum es eigentlich geht, bei der Frage der Selbsterkenntnis, sind nicht die äußerlichen Faktoren. Es geht vielmehr um die Frage: Wer bin ich wirklich? Was motiviert mich? Wer ist die Person innen drinnen, die all diese Fakten kennt? Wer ist es, den all diese Fakten beschreiben? Ich habe eine bestimmte Haarfarbe! Kann ich die verändern? Natürlich kann ich das! Ich habe aktuell ein bestimmtes Alter. Wird sich das ändern! Ja natürlich wird sich das verändern. Wir wissen, dass sich letztlich alle aktuellen Fakten und Zahlen, die uns betreffen, verändern werden. Mein gegenwärtiges Lieblingseis ist Schokolade, könnte es auch Vanille sein, vielleicht, irgendwann, oder vielleicht eine andere Sorte, die ich bisher gar nicht kenne. Wir wissen, dass all die Informationen über uns, egal wie viele es sind, sich letztlich ändern können. Deswegen befinden sie sich im äußeren Bereich von uns selbst und nicht in unserem Zentrum. Wer ist aber die Person im Zentrum? Wer ist das Subjekt, das all diese Daten und Fakten, die uns äußerlich ausmachen, erlebt? Inclusive unseres eigenen Körpers und unseres eigenen Verstands. Gemäß dem Vedanta ist diese Person tatsächlich der Erlebende. Das ist das reine Gewahrsein, das reine Bewusstsein, das wir tatsächlich sind, das ist der Atman. Das ist unser wahres Selbst!

Wenn ich das so sage, ist es sehr wichtig für uns, dass wir diesen ganz zentralen Punkt richtig verstehen: Niemand von uns hat einen Atman! Noch einmal: Niemand von uns hat einen Atman! Weder du noch ich haben einen Atman! Stattdessen bist du der Atman und ich bin der Atman! Wir sind der Atman! Das ist sehr wichtig! Unglücklicherweise wird in der westlichen Welt, wenn wir an unser wahres Selbst, also an die Seele bzw. an unseren unsterblichen Geist denken, dieser wie eine Art Anhängsel von uns betrachtet. Etwas, das ich besitze, ähnlich wie ein Organ, die Milz zum Beispiel, oder wie meine beiden Lungenflügel bzw. wie mein Herz, oder wie der kleine Finger an meiner Hand. Wir denken an unsere Seele als an etwas, das zu uns gehört. Sie ist irgendwo in mir. In ähnlicher Weise wie mein Herz und all meine Organe in mir sind, besitze ich auch eine Seele. Und ich kann die Seele verlieren, ich kann sie dem Teufel verkaufen. Viele von uns werden Filme gesehen haben, in denen jemand seine Seele dem Teufel verkauft. Ich erzähle als Beispiel gerne die Episode aus der Serie: Die Simpsons, in der Bart Simpson seine Seele seinem besten Freund verkauft. Er schrieb einfach „Barts Seele" auf ein Stück Papier und verkaufte es für einen Dollar an seinen besten Freund. Aber dann bekommt er es mit der Angst zu tun. Er fragt: Was habe ich nur gemacht?, und er will seine Seele zurück.

Nein, wir haben keine Seele, wir haben keinen Atman. Stattdessen sind wir die Seele, wir sind der Atman! Und das macht es für viele Menschen schwierig, wenn wir über das Konzept der Selbsterkenntnis sprechen, denn wir versuchen nicht etwas außerhalb von uns selbst zu erkennen. Üblicherweise sammelt man Erkenntnisse und Wissen über etwas, das sich außerhalb von uns selbst befindet. Daher ist es oft schwierig, sich vorzustellen, was mit dem Erkennen des eigenen Selbst gemeint ist. Es geht nicht darum, irgendein Ding mit der Bezeichnung Selbst zu erkennen. Es geht vielmehr genau um die Person, die die Frage nach dem Selbst stellt. Es geht um uns selbst! Und genau das macht die Sache ein wenig kompliziert, aber auch interessant und faszinierend. Dies ist das erste Ziel des Vedanta: das eigene Selbst zu erkennen. Atman Jnana, Selbst-Erkenntnis.

Das zweite Ziel des Vedanta ist Gotterkenntnis oder Gottesbewusstsein, auf Sanskrit: Brahma Vidya. Manchmal machen die Menschen hier einen Interpretationsfehler, sie meinen, mit Brahma sei der ganz spezielle Gott der Schöpfung, mit seinen vier Gesichtern, gemäß der hinduistischen Lehre gemeint. Das ist jedoch nicht der Fall. Tatsächlich steht Brahma hier für das Absolute, den allumfassenden Urgrund des Seins. Dieses Brahma Vidya, diese Erkenntnis des Absoluten, ist das zweite Ziel. Und warum ist das so? Nun, nachdem wir unser Selbst, also uns selbst, erkannt haben, nachdem wir wissen, wer und was wir sind, wollen wir jetzt unsere Herkunft, unsere Quelle kennenlernen. Wir wollen erkennen, woher wir kommen, wer und was unser Ursprung ist.

Wenn du ein Kettenglied vor dir auf dem Boden liegen siehst, das mit einem anderen Glied verbunden ist, und dieses wiederum mit einem anderen und so fort und so fort, dann weißt du, dass es sich um eine Kette handelt, die irgendwo einen Anfang haben muss. Sie muss irgendwo herkommen. In gleicher Weise verhält es sich, wenn wir unserem Selbst, unserem Atman, begegnen, wir verstehen dann, dass dieser Atman aus einer Quelle stammt, er hat eine Herkunft, eine Wurzel. Woher wissen wir das? Weil wir erkennen, dass unser Atman, unabhängig davon, dass er großartig und wunderbar ist, dennoch begrenzt ist. Und woher wissen wir, dass unser Atman begrenzt ist? Weil wir durch ihn erkennen, dass wir mit unserem Tagesbewusstsein einer Illusion unterliegen. Diese Täuschung lässt uns glauben, wir seien von Gott getrennt. Und weil wir, als Atman, einer Illusion unterliegen können, muss unsere Quelle, unsere Herkunft etwas sein, das größer ist als wir, und das daher nicht von Illusionen getäuscht werden kann. Wenn wir begrenzt sind, muss unsere Quelle unbegrenzt sein. Über diesen Weg versuchen wir das Absolute, versuchen wir, Gott zu erkennen.

Vor diesem Hintergrund möchte ich nun einen kurzen Kommentar zu den Brahma Sutras geben. Wie ich bereits erwähnte, bestehen die drei wesentlichen schriftlichen Fundamente der Vedanta-Philosophie aus den Upanischaden, der Bhagavad Gita und den Brahma Sutras.

Ungefähr vor einem Monat fragte mich einer meiner Schüler in Omaha (Nebraska): „Woher bekomme ich eine gute Ausgabe der Brahma Sutras? Ich würde sie gerne lesen!" Und er erzählte mir weiter, dass er schon überall danach gesucht hat, auch in diversen Bücherläden usw., dass er jedoch keine Ausgabe der Brahma Sutras finden konnte. Und ich erklärte ihm, dass heutzutage niemand die Brahma Sutras für sich alleine, also ohne Kommentar oder Begleittext, liest. Die Brahma Sutras können nicht verstanden werden, wenn man einfach ein Buch mit diesem Titel kaufen würde und dann versucht, es zu lesen. Sie sind nicht dafür gemacht, in dieser Weise gelesen und verstanden zu werden. Darum findet man in den Bücherläden auch keine Bücher mit diesem Titel. Was man allerdings finden kann, sind kommentierte Ausgaben. Bücher über die Brahma Sutras, in denen die Originaltexte zitiert und erläutert werden. Warum ist das so? Wenn wir die Wahrheit verstehen wollen, müssen wir uns klarmachen, dass die Wahrheit lebendig ist! Ich möchte das noch einmal wiederholen, weil es so wichtig ist: Wenn wir die Wahrheit verstehen wollen, müssen wir als allererstes verstehen, dass die Wahrheit lebendig ist! Die Wahrheit ist nicht tot, sie lebt! Die Wahrheit ist kein Objekt, sie ist ein Subjekt!

Lassen Sie mich erklären, was ich damit meine. Wenn wir darüber sprechen, dass wir auf der Suche nach der Wahrheit sind, wenn wir Bücher lesen und uns auf den Weg machen, die Wahrheit zu finden, dann haben wir oft die Vorstellung, dass die Wahrheit eine Sache ist, die wir auf irgendeine Weise erwerben können. So ähnlich, als wenn wir ins Kaufhaus gehen, um etwas zu besorgen. Wir wissen zwar, dass wir die Wahrheit nicht mit Geld erwerben können, aber wir meinen, wir können sie mit unserem Zeiteinsatz kaufen, oder mit unseren intellektuellen Fähigkeiten, oder mit unserer Aufrichtigkeit und mit vielen anderen Dingen. Solange wir denken, dass die Wahrheit ein Objekt ist, das wir erwerben können, werden wir die Wahrheit nie kennenlernen! Der Sanskritbegriff für die Wahrheit lautet: Sat, und dieser Begriff, sowie die Wahrheit selbst, ist ein Synonym für Gott! Und uns muss vollkommen klar sein: Wenn wir über die Wahrheit sprechen, sprechen wir von Gott und Gott ist lebendig! Gott ist Bewusstsein und die Quelle von allem. Daher ist die Wahrheit weder eine Sache noch ein sonstiges Objekt, sondern ein Subjekt, ein Wesen, und wir müssen uns ihr auch so nähern, wie man sich einem Wesen nähert. Gegen Ende meines kleinen Vortrags werde ich noch einmal darauf zurückkommen, was es genau bedeutet, sich der Wahrheit wie einem Subjekt, einem Wesen, zu nähern.

Wenn wir das jetzt auf die Brahma Sutras beziehen, wird klar, dass wir nicht einfach ein Buch mit den Brahma Sutras kaufen, es lesen und verstehen können. Wenn die Wahrheit lebendig ist, müssen wir sie auch in einer lebendigen Art und Weise zu erlernen und zu verstehen suchen. Mit anderen Worten: Wir brauchen einen Lehrer, oder auf Sanskrit: einen Guru, der für uns da ist, der vor uns sitzt und uns die Wahrheit lehrt. Darum reicht es einfach nicht, eine Ausgabe der Brahma Sutras zu besitzen und sie zu lesen. Etwas mehr Sinn macht es da schon, die Kommentare zu den Brahma Sutras zu lesen, und besser noch ist es natürlich, einen lebendigen Lehrer zu haben, der vor dir sitzt und die Brahma Sutras tatsächlich mit Leben erfüllt.

Was finden wir, wenn wir die Brahma Sutras lesen? Wir finden eine Sammlung von sehr kurzen Versen. Menschen, die die Brahma Sutras lesen, sind immer wieder überrascht, dass es sich um so kurze Verse handelt. Und sie sind tatsächlich so voller Weisheit, dass es wirklich erstaunlich ist. Ich möchte jetzt einmal mit ihnen gemeinsam die ersten vier Verse der Brahma Sutras ansehen. Diese ersten vier Verse beinhalten bereits die gesamte Idee, den gesamten Inhalt, der in den Brahma Sutras verborgen ist.

Der erste Vers der Brahma Sutras lautet:

Jetzt ist es an der Zeit, sich mit der Natur Brahmans (des Absoluten) zu beschäftigen.

Sehr kurz! Sehr einfach! Und dennoch sind diese Verse sehr, sehr kraftvoll, wenn wir sie verstehen und wenn sie uns von einem Lehrer nahegebracht werden. Die vier Sanskrit-Worte aus denen der kurze erste Vers der Brahma Sutras besteht, dienten dem vedischen Philosophen und Kommentator Ramanuja, als Grundlage für einen neunzig Seiten umfassenden Kommentar. Er schrieb also, in der englischen Übersetzung, neunzig Seiten, um diesen einen kleinen Vers zu erläutern.

Was bedeutet dieser erste Vers also: „Jetzt ist es an der Zeit ...". Der Vers spricht vom jetzigen Augenblick, aber auch von der Vergangenheit. Der Vers sagt: Jetzt, im Gegensatz zur Vergangenheit, als du im Wesentlichen an materiellen Dingen interessiert warst, z.B. an deiner finanziellen Entwicklung, an der Erschaffung von Wohlstand, daran, ein fröhliches Leben in der materiellen Welt zu haben, daran, eine Familie zu haben und all die wichtigen Dinge zu tun, jetzt jedoch, nachdem du all dies erfolgreich gemacht hast, ist es an der Zeit, tiefer zu gehen und sich darum zu kümmern, was eigentlich die wahre Bedeutung des Lebens ist

Ich sagte bereits, dass es eine der Besonderheiten der vedischen Kultur ist, dass sie jeden Einzelnen berücksichtigt. Egal wer es ist und egal wo er steht. Und eine weitere Besonderheit der vedischen Kultur ist, dass sie versteht, dass die Menschen sowohl eine materielle als auch eine spirituelle Entwicklung brauchen. Darum werden wir in den vedischen Schriften ermutigt, vier unterschiedliche Dinge zu entwickeln: Dharma, Artha, Kama und Moksha. Vier unterschiedliche Dinge. Zuerst Dharma. Das bedeutet hier, dass wir immer die Wahrheit respektieren müssen und dass unser Leben immer auf die Wahrheit ausgerichtet sein soll. Aber dann gibt es als Zweites Artha, mit der Bedeutung, dass wir gleichzeitig auch Geld verdienen müssen. Dann folgt als Drittes Kama, und Kama meint, dass wir unser Leben genießen sollen. Aber dann folgt als Viertes Moksha, und damit ist die spirituelle Befreiung gemeint. Alle diese spirituellen und materiellen Dinge werden berücksichtigt. Die Brahma-Sutra-Vedanta-Philosophie wendet sich speziell an die Menschen, die all das, was erforderlich war, bereits getan haben. Gemeint sind Menschen, die in ihrem Leben erfolgreich waren, die Familien haben, die eine gute Ausbildung und Bildung haben, die ihr Zuhause und ihren Beruf haben, die all diese wunderbaren Dinge besitzen. Und dieser erste Vers der Brahma Sutras sagt nun: Wunderbar! Nachdem du all das erreicht hast, ist es jetzt an der Zeit, über Gott nachzudenken! Ganz einfach! Jetzt können wir uns etwas Höherem zuwenden! Jetzt können wir uns mit der Natur des Absoluten, dem Wesen Gottes, beschäftigen!

Nun kommen wir zum zweiten Vers. Nachdem wir vor die Herausforderung gestellt worden sind, uns jetzt mit Gott zu beschäftigen, stellt sich uns ganz natürlich erst einmal die Frage: Was ist dieser Brahman eigentlich? Was ist Gott? Worum geht es? Warum sollte ich dem eigentlich nachgehen? Wie lautet die Definition davon? Nun, eine der Definitionen von Brahman lautet: Brahman ist die Instanz, von der alles andere, was existiert, ausgeht, die Quelle von allen Dingen. Der zweite Vers der Brahma Sutras lautet daher:

Was ist das Brahman (das Absolute)? Es ist der Ursprung, von dem alle Ursprünge ausgehen!

Das ist eine wörtliche Übersetzung des Verses. Wenn dir also jemand erzählt, es sei jetzt deine Aufgabe, dich um genau dieses oder jenes zu kümmern, wäre es dann nicht hilfreich, wenn du eine exakte Definition der Sache hast, um die es geht? Welche Farbe hat es? Wie sieht es aus? Wie verhält es sich? Und genau das beantwortet dieser zweite Vers! Er erklärt uns, was Gott ist. Gott ist die Quelle der gesamten Realität! Die Quelle aller Dinge. Und dies ist eine ganz und gar universelle Definition, mit der alle übereinstimmen können. Wenn wir uns umblicken, so sehen wir überall Vielfalt. Wir sehen Nama (Namen) und Rupa (Formen). Wir sehen all die unterschiedlichen Formen um uns und jede davon hat einen Namen. Aber wo ist die Quelle von all dem, von allem, nicht nur von den einzelnen Dingen, die wir im Entstehen zurückverfolgen können. Hier haben wir zum Bespiel ein Kissen? Wo kommt das her? Es wurde in einem bestimmten Geschäft gekauft! Und woher hat das Geschäft das Kissen? Sie haben es möglicherweise aus irgendeinem Land importiert und dort war es in einer Fabrik und zuvor bestand es aus all den unterschiedlichen Bestandteilen und so weiter und so weiter.

Wir können also einzelne Dinge zurückverfolgen, aber darauf bezieht sich dieser Vers nicht. Es geht vielmehr darum, was die Quelle von insgesamt Allem ist! Was ist das für eine Sache, die „Sarva Karana Karanam", also die Ursache von allen Ursachen genannt wird? Das, was wir suchen, ist die absolut erste Instanz (Ursache) und zugleich die unmittelbar folgende, zweite Instanz (Ursachen), ohne selbst eine Ursache zu haben! Und genau das ist eine perfekte Definition von Gott, von Brahman. Gott ist: Sarva Karana Karanam, die Quelle aller Quellen, die Ursache aller Ursachen und das, was selbst keine Ursache hat. Das ist das Absolute!

Nun kommen wir zum dritten Vers, dieser lautet:

Die heiligen Schriften (Shastras) allein, sind das geeignete Mittel, Wissen (über Brahman/das Absolute) zu erlangen.

Wir sehen jetzt, das Wunderbare an der Vedanta-Philosophie. Es handelt sich um eine natürliche Entwicklung oder Abfolge. Zuerst wirst du vor eine Herausforderung gestellt: Jetzt ist es an der Zeit, die Natur von Brahman zu erkunden! Und dann kommt der zweite Vers: Was ist Brahman?, wird gefragt, und zugleich wird die Definition geliefert: Der Ursprung von allen Dingen! Und nun der dritte Vers, in dem der Weg beschrieben wird, auf dem wir etwas über Brahman erfahren können. Wie also erkennen wir das Absolute? Wir erkennen das Absolute durch die heiligen Schriften und nur durch die heiligen Schriften!

Wenn wir den vedischen Begriff Shastras allgemein mit (heilige) Schriften übersetzen, lohnt es sich, ein wenig genauer darauf einzugehen. Wenn wir von den Schriften sprechen, so verstehen wir darunter im Allgemeinen ein Buch oder Bücher, die man in der Hand halten und in denen man blättern kann. Und weiter denken wir bei einem Buch ganz unwillkürlich und vollkommen normal auch an einen Autor, man muss einen Autor haben, bei einem Buch, nicht wahr! Und wer kommt als Autor infrage? Menschen natürlich! Und plötzlich sehen wir, dass uns unsere ganz natürlichen Überlegungen und Schlussfolgerungen in eine Richtung führen, die für die Shastras, die heiligen Schriften, nicht richtig sein kann! Wenn wir über die Shastras sprechen, müssen wir anderen Überlegungen folgen, die in eine andere Richtung gehen. Und warum ist das so? Wenn wir über die Shastras sprechen, sprechen wir eben nicht über ein Buch von James Michener und wir sprechen auch nicht über einem Roman von Steven King, ja nicht einmal über eine gewichtige Abhandlung, die von einem berühmten Philosophen mit fünfzehn Doktortiteln geschrieben worden ist. Nein, wir sprechen stattdessen über die Manifestation der Wahrheit in schriftlicher Form! Lassen Sie mich das wiederholen: Shastras sind die Manifestation der Wahrheit in schriftlicher Form, und damit liegt die Wahrheit dann in einer Weise vor, die es uns ermöglicht, darauf zuzugreifen! Die Wahrheit, die in den heiligen Büchern, die wir Shastras nennen, offenbart wird, entstammt nicht menschlichen Vermutungen. Diese Wahrheit ist nicht von Menschen gemacht, vielmehr ist sie denjenigen Menschen offenbart worden, die sich soweit perfektioniert und entwickelt haben, dass sie zu Vermittlern der Wahrheit werden konnten. Lassen Sie uns das noch ein wenig tiefer betrachten, denn dies ist einer der wichtigsten und erstaunlichsten Aspekte des Hinduismus. Ich habe meine 270 Seiten umfassende Doktorarbeit genau über dieses Thema geschrieben.

Die Art und Weise, wie wir in der vedischen Kultur die Wahrheit erkennen, stimmt nicht mit der Art und Weise überein, in der wir in der materiellen Welt die Wahrheit erkennen. Vielmehr erkennen wir die spirituelle Wahrheit durch ein Individuum, durch eine Person. Wir gehen dabei so vor, dass wir uns selbst durch Meditation, durch das Praktizieren von Yoga, durch das Studieren der heiligen Bücher usw. zu moralisch integren Menschen entwickeln. Gleichzeitig bemühen wir uns, Stück für Stück unser Ego abzustreifen, weniger selbstbezogen zu werden, Zorn, Hass sowie unangemessene Wünsche und Begierden etc. abzulegen. Im Gegenzug erfüllen wir uns selbst zugleich mit der Gegenwart Gottes, und nach einiger Zeit geschieht etwas Einzigartiges: Man wird zu einem Rishi! Besonders diejenigen, die in der hinduistischen Tradition aufgewachsen sind, kennen den Begriff Rishi aus mythischen Erzählungen und sie meinen oft, es handelt sich um eine Art Gott oder etwas Ähnliches. Nein, dem ist nicht so. Rishis waren menschliche Wesen. Jeder kann zu einem Rishi werden. Ein Rishi zu sein bedeutet, ein Individuum zu sein, das sich selbst in einem solchen Maß perfektioniert hat, dass es in dieser Person keinerlei Täuschung oder Illusion mehr gibt. Es gibt kein Ego mehr. Alles, was geblieben ist, ist ein Fenster zur spirituellen Welt.

Es ist wunderbar, dass hier in diesem Raum hinter mir diese Fenster sind. Was sehen wir, wenn wir hinausblicken? Bäume, ja, sehr gut! Sonst noch etwas? Den Himmel! Ein bisschen leeren Raum! O.k., sonst noch etwas? Bisher wurde etwas ganz Wichtiges nicht genannt! Die Glasscheibe! Ganz genau! Ich liebe dieses Beispiel, weil es regelmäßig lange Zeit braucht, bis das Glas genannt wird. Und dafür gibt es natürlich einen guten Grund: Man sieht die Fensterscheibe nämlich eigentlich nicht! Und trotzdem, oder gerade deshalb, erfüllt die Scheibe ihre Funktion. Es ist das Wesen der Glasscheibe, dass man durch sie hindurchsehen und erkennen kann, was auf der anderen Seite vorhanden ist. Genauso verhält es sich bei einem Rishi. Er ist absolut weise! Er ist ein erleuchtetes Wesen! Solche Wesen gibt es! Wenn man ans Fenster treten würde, könnte man gegen die unsichtbare Scheibe klopfen. Und man würde auch nicht einfach so durch das Fenster hindurchgehen können! Die Scheibe existiert! Man kann nicht behaupten, es gäbe die Scheibe nicht. Sie existiert, obwohl ihre Funktion gerade darin besteht, dass man sie nicht sieht.

Die Funktion des Fensters besteht also darin, dass man hindurchschaut und etwas anderes sieht. Ebenso verhält es sich bei einem wahrhaftig erleuchteten Wesen. Ein Rishi ist ein solches Wesen, das sich selbst in eine Art Fenster verwandelt hat, indem es sich von seinem Ego gereinigt hat. Und was ist das Ego? Stellen Sie sich vor, Sie nehmen etwas Schlamm und werfen diesen Schlamm auf die Glasscheibe. Kann man jetzt noch ungehindert hindurchblicken? Nein! Genau das ist das Ego! Jetzt entfernen Sie den Schmutz und plötzlich können Sie wieder hindurchsehen. Das Ego, die Ichbezogenheit, verhält sich ähnlich wie der Schlamm. Ein Rishi hat sich komplett von diesem Schlamm gereinigt und kann daher seine Funktion perfekt erfüllen. Man kann durch eine solche Person hindurchblicken und das Göttliche sehen.

Wenn diese Rishis sich nun entschließen, ihre Erfahrungen des Göttlichen mit der Welt zu teilen, dann nennt man das, was sie darüber berichten, was also sprichwörtlich aus ihrem Munde fließt: Shastras. Auf diese Weise entstanden die vier Veden: das Rig Veda, das Sama Veda, das Yajur Veda und das Atharva Veda. Weiter entstanden die Aranyakas und die Brahmanas sowie die Upanischaden. In gleicher Weise wurden die sechsunddreißig Puranas sowie das Mahabharata und das Ramayana verkündet. Und schließlich auch die Tantras und die Panchatantra. Es entstanden all die heiligen Bücher, und auf diese Weise, durch die Shastras, gewinnen wir unser Wissen über Brahman. Durch das Lesen der heiligen Bücher erkennen wir Brahman, das Absolute, aber zusätzlich auch durch so etwas wie lebendiges Shastra, genannt Pramana Buddha. Das ist ein erleuchtetes Wesen, ein Rishi, der mit seinem Leben die Shastras geradezu verkörpert. Indem wir so jemanden erleben und beobachten, erkennen wir ebenfalls die Wahrheit.

Aus diesem Grund liebe ich es, hier auf das Ramayana zu verweisen. Wenn man sich das Leben von Rama ansieht, dann weiß man, was Dharma bedeutet, denn Rama ist das Dharma, Rama verkörpert das Dharma. Er lebt Dharma, er atmet Dharma. Genauso verhält es sich mit jedem wahrhaft Erleuchteten, auch wenn er überhaupt nichts sagt, lernt man von ihm, indem man ihn nur einfach beobachtet, denn er ist verkörperte Weisheit.

Kommen wir zum vierten Vers:

Die Erkenntnis von Brahman ist der Hauptzweck aller heiligen Texte.

Noch einmal: Diese vier Verse sind die wichtigsten Verse! Es sind die ersten vier Verse der Brahma Sutras und sie bilden eine geschlossene Kette. Lassen Sie mich also erklären, was dieser vierte Vers bedeutet, aber dazu möchte ich zuerst noch einmal auf den Anfang zurückkommen.

Der erste Vers sagte uns, dass wir jetzt, nachdem wir das Leben genossen haben, nach etwas Höherem Ausschau halten sollen. Wir sollen uns bemühen, Brahman, das Absolute, zu erkennen.

Der zweite Vers gab uns eine Erklärung bzw. eine Definition, was wir unter Brahman, oder dem Absoluten, zu verstehen haben. Also was Brahman eigentlich ist.

Nun der dritte Vers. Hier wird erläutert, wie wir, nachdem wir verstanden haben, was Brahman ist, diesen erkennen können. Wie wir etwas über Brahman erfahren. Nämlich durch die heiligen Schriften.

Und jetzt im vierten Vers, im Abschluss, wird gesagt: Das eigentliche Ziel der Schriften ist es, Brahman zu erkennen, Gott zu erkennen, das Absolute zu erkennen. Warum wird das jetzt noch einmal gesagt? Sollte das nicht offensichtlich sein? Ist es tatsächlich offensichtlich? Geht es jedem, der die heiligen Schriften liest, um Gotterkenntnis? Hat jeder, der die heiligen Schriften liest, verstanden, dass er das eigentlich tut, um Brahman, das Absolute, zu erkennen? Nein, natürlich nicht! Ich könnte sofort einige Dutzend Professoren benennen, die ich persönlich kenne, die lesen zwar die heiligen Schriften, aber ihr Ziel ist keinesfalls, Brahman zu erkennen. Ihnen geht es vielmehr darum, eine Anstellung als vollwertige Professoren zu erreichen.

Ich konnte leider auch einige spirituelle Lehrer benennen, die alle einen kurzen Kommentar zu den Shastras abgeben könnten. Ihr Ziel ist es jedoch, damit Geld zu verdienen.

Sie sehen, nicht jeder, der die heiligen Schriften liest, wendet sich auch dem Absoluten zu. Vyasa, der Autor der Brahma Sutras, hat dies in seiner Weisheit vorhergesehen und darum sagt er im vierten Vers des Textes zu uns: Übrigens, vergiss nicht, es ist der Zweck des Lesens, von diesem und anderen heiligen Texten, Kenntnis von Gott zu erlangen! Darum geht es und daran müssen wir tatsächlich erinnert werden!

Ich bin sicher, einige von Ihnen werden schon einmal in Teilen der vedischen Schriften gelesen haben, falls das nicht der Fall ist, empfehle ich es Ihnen ausdrücklich. Es ist eine wirklich enorme Menge an Schriften vorhanden. Sie werden kaum in der Lage sein, all die Texte auch nur einmal in ihrem noch verbleibenden Leben lesen zu können. Es handelt sich um eine große Bibliothek mit hunderten, wenn nicht tausenden von Büchern. Vor diesem Hintergrund ist es natürlich leicht möglich, dass ein Mensch, der damit beginnt in den heiligen Schriften zu lesen, in die Irre geführt wird. Inhaltlich, aber auch psychologisch kann er in die Irre geführt werden. Man kann durchaus sehr ernsthaft beginnen und mit der Intention, Gott kennenlernen zu wollen, an die Lektüre herangehen. Doch schnell erkennt man den Umfang und die Tiefe der heiligen Schriften und wendet sich ab. Man schlägt dann vielleicht einen anderen Weg ein und beschränkt sich z.B. auf die Praxis des Yoga und betrachtet das dann vielleicht als eine Art indischer Aerobic-Übungen. Oder man beschränkt und konzentriert sich darauf, seine Kundalini-Energie zu erwecken, sodass man mehr Charisma entwickeln und die Menschen seiner Umgebung besser steuern und kontrollieren kann. Man erkennt an diesen Beispielen, dass wir die Religion bzw. religiöse oder spirituelle Praktiken sogar dazu benutzen können, uns weiter von Gott zu entfernen, als uns Gott zuzuwenden und anzunähern. Es gibt genügend Beispiel in der Geschichte, in denen Menschen auf der Grundlage der Religion Handlungen vollbracht haben, die sie weiter von Gott zu entfernen, statt ihnen zu helfen, sich Gott anzunähern. Vor diesem Hintergrund erinnert uns der vierte Vers der Brahma Sutras sehr weise daran, dass der Sinn des Lesens und Studierens der heiligen Schriften nicht darin besteht, das Ego aufzublähen oder mit auswendig gelernten Zitaten glänzen zu können, nein, es geht beim Studium der heiligen Schriften nur darum, Gott kennenzulernen!

Lassen Sie mich noch einmal zusammenfassen: Wenn wir an Vedanta denken, dann haben wir die Neigung, an etwas rein Intellektuelles zu denken. Wir denken auch an große Philosophen wie z.B. Shankara, Ramanuja oder Madhava und all diese Menschen, die wirklich verblüffende Philosophen waren und die jemanden wie Thomas von Aquin, Plato, David Hume oder jeden anderen Philosophen der westlichen Welt wie geistige Zwerge erscheinen lassen. Ich meine das ernst, ich habe all diese Philosophen studiert. Wer sie studiert, wird das erkennen. Versuchen Sie einfach einmal, Shankaracharya zu lesen. All diese vedischen Philosophen waren einfach wundervoll. Leider glaubt man heute oft, wenn vom Vedanta die Rede ist, dass man selbst ein tiefgründiger Philosoph sein muss, um die tiefgründigen Philosophen des Vedanta zu verstehen. Das ist aber nicht der Fall! Das ist nicht der Fall, weil Vedanta eine Erfahrung ist! Vedanta beschränkt sich nicht auf den Intellekt, Vedanta ist eine Erfahrung.

Wie integrieren wir nun die Lehren des Vedanta in unser eigenes Leben? Wie finden wir einen praktischen Weg, der dafür sorgt, dass sich unser Leben verbessert? Die Antwort lautet: Übung, Übung und nochmals Übung! Spiritualität ist etwas, von dem man besser die Finger lassen sollte, wenn man nicht zur praktischen Übung bereit ist. Lassen Sie mich das wiederholen: Spiritualität, die nicht praktiziert wird, ist eine Spiritualität, von der man lieber die Finger lassen sollte. Ich wünschte, ich hätte einen direkten Draht zum Ohr eines jeden Menschen auf der Welt für diese Botschaft!

Warum ist das so? Warum muss Spiritualität praktiziert werden? Weil wir, wenn wir Spiritualität als etwas rein Intellektuelles begreifen, sie sehr leicht als unser Eigentum betrachten. Und wir benutzen die spirituellen Lehren dann oft so, dass wir sie anderen Menschen sprichwörtlich: um die Ohren hauen! Darum haben wir endlose Kriege und religiöse Streitereien. Wenn wir uns selbst aber nicht als die Herren der spirituellen Wahrheit sehen, sondern als die Diener der Wahrheit, als diejenigen, die der Wahrheit ergeben sind, dann haben wir schließlich die Möglichkeit, uns für die Wahrheit zu öffnen.

Was ist das Ego? Das Ego ist eine Mauer aus Ziegelsteinen um unseren Kopf. Das ist das Ego! Wenn es uns gelingt, der Wahrheit mit Demut zu begegnen, indem wir uns ihr hingeben, dann zerbricht diese Ziegelmauer und dann, und nur dann, haben wir die Möglichkeit, die Wahrheit zu kennen und die Wahrheit zu erleben. Darum muss Spiritualität in erster Line mit Demut und Hingabe praktiziert werden. Was bedeutet das? Das bedeutet, wir müssen tatsächlich Yoga praktizieren. Und wenn ich hier von Yoga spreche, meine ich damit nicht irgendwelche Körperübungen. All diejenigen, die nicht so gelenkig sind, brauchen sich keine Sorgen zu machen. Ich meine Yoga im übertragen Sinne! Yoga bedeutet Vereinigung, Vereinigung mit dem Absoluten. Genau das bedeutet Yoga! Und genau darüber habe ich in den zurückliegenden fünfundvierzig Minuten gesprochen und darum war das bereits eine Yogaübung.

Wenn du ruhig dasitzt, dich nicht bewegst und dich auf Gott in dir konzentrierst, dann praktiziert du mehr Yoga, als wenn du die schwierigste Körperübung ausführst, die einem Menschen überhaupt möglich ist. Wenn du dich nicht auf Gott konzentrierst, praktizierst du kein Yoga, egal welche Körperübungen du machst. Wenn ich also empfehle, Yoga zu praktizieren, dann sollte niemand in Panik geraten. Es geht nicht darum, körperliche Yoga-Übungen durchzuführen, sondern sich mit dem Absoluten zu verbinden und zu meditieren. Meditation ist das Herz des Yoga. Meditation ist das Herz des Santana Dharma. Durch die Meditation erlangen wir Harmonie und durch Meditation schaffen wir eine Verbindung zwischen uns und dem Absoluten und genau das gelingt tatsächlich nur durch die Meditation. Das bedeutet, wir alle brauchen die Meditation.

Zugleich sollten wir die heiligen Schriften studieren. Sie zu studieren bedeutet, die Wahrheit zu erleben. Denn die heiligen Schriften sind nicht nur interessante Bücher, nein, sie sind die lebendige Wahrheit. Und auf diese Weise, indem wir Vedanta praktizieren, indem wir die Wahrheit praktizieren und diese Wahrheit leben, erkennen wir auch die Wahrheit.

Erinnern Sie sich, dass ich darüber sprach, Ihnen den ultimativen Weg zum Erkennen der Wahrheit zu zeigen? Krishna sagt in der Bhagavad Gita:

Gib alle Arten von Religion auf und gib dich einfach mir hin. Ich werde dich von allem Fehlverhalten (sündhaften Reaktionen) befreien. Fürchte dich nicht. (Bhagavad Gita, 18/66)

Es ist erstaunlich. Dieser Vers aus der Bhagavad Gita ist zum Zentrum meines Lebens geworden! Warum? Nun, ich habe sehr viel über unterschiedliche Religionen und religiöse Praktiken gelesen und theologische Schriften im Umfang von vielen tausenden von Wörtern studiert und doch empfinde ich diesen kleinen Vers als die radikalste Aussage in der Religionsgeschichte der ganzen Welt. Es ist die radikalste religiöse Aussage überhaupt, denn sie besitzt eine ungeheure Tiefe. Nachdem Krishna in den vorangegangenen achtzehn Kapiteln der Bhagavad Gita seinen Freund Arjuna umfassend unterrichtet hat, fasst er hier, in diesem kurzen Vers, all seine Lehren zusammen. Er sagt: Arjuna, gib einfach all die verschiedenen, niederen Wege, all die verschiedenartigen, niederen Religionen auf. Das ist eine erstaunliche Aussage: Krishna, also Gott selbst, sagt: Gib all die verschiedenartigen, niederen Religionen auf. Auf Sanskrit lautet der Begriff hier Dharman. Das ist der Plural von Dharma und der Begriff Dharma in der Einzahl bezeichnet die natürliche Ordnung des Seins. Krishna sagt nicht, dass man das Dharma, also die natürliche Ordnung der Dinge aufgeben soll. Dies wird von den Menschen oft missverstanden. Er sagt, gibt die verschiedenartigen, niederen Religionen, die menschengemachten Religionen und religiösen Philosophien auf. Und er sagt weiter: Ergib dich stattdessen mir! Und dieses: mir, steht hier für Krishna, für den Avatar, für die Inkarnation Gottes, für die Inkarnation Brahmans, für das Eine, Absolute! Er sagt: Ergib dich einfach Brahman und ich werde dich vor allem Bösen beschützen. Und dann kommt noch der tief bewegende Abschluss! Die Art und Weise, wie er seine Aussage beendet! Wenn man die Bhagavad Gita kennt, weiß man, dass es sich um den reichhaltigsten, tiefsten und schönsten philosophischen Text handelt, der der Menschheit bekannt ist. Wie also beendet Krishna seine Lehren in der Bhagavad Gita? Er sagt: Ma Sucha. Die Bedeutung dieses Sanskrit-Begriffs lautet: Hab keine Angst! Nur diese kurzen Worte: Hab keine Angst!

Alle religiösen Konzepte hinter sich lassen und sich einfach Gott ergeben, sich Gott hingeben! Was bedeutet es, sich zu ergeben, sich hinzugeben? Manchmal erschreckt uns die Vorstellung zu Tode, uns zu ergeben oder uns hinzugeben. Die Vorstellung der Aufgabe oder Hingabe erschreckt uns. Wir denken, dass wir unsere Freiheit und unseren Willen verlieren, denn wir sind nur mit dem Gedanken vertraut, uns einem Menschen, also einer anderen menschlichen Person hinzugeben, uns ihm auszuliefern. Und das wäre nicht gut! Aber wir reden hier nicht von einem menschlichen Wesen! Wir reden von einem Wesen, das uns nicht braucht, das vielmehr unsere eigene Quelle ist, dem wir also entstammen. Was immer wir zu sein meinen, Gott kannte uns bereits eine Milliarde Leben lang, bevor wir überhaupt geboren worden sind. Gott braucht uns wirklich nicht und doch sagt er, dass wir uns ihm hingeben sollen.

Warum diese Hingabe (Sanskrit: Prapati)? Weil die Hingabe das Gegenteil des Egos darstellt! Wie drückt sich das Ego als körperliche Geste aus? Indem wir alles um uns herum ergreifen und es zu uns ziehen, es an uns drücken. Nehmen, nehmen, nehmen! Ich bin das Zentrum von allem. Alles ist für mich da! Und was ist Hingabe? Das Gegenteil davon: Geben! Und tatsächlich gebe ich nicht nur mein Vermögen, ich gebe nicht nur alles, was ich besitze, ich gebe mich selbst hin! Ich gebe mich! Das ist tatsächlich der radikalste Gegensatz vom Ego, der überhaupt möglich ist! Und darum beendet Krishna seine Lehren in dieser Weise: Du willst die Wahrheit wissen? Dann erkenne, dass ich die Wahrheit bin! Dass Brahman die Wahrheit ist! Und was kannst du tun um die Wahrheit zu erfahren? Krishna sagt nicht, gebe alle Arten von Religion auf und tue stattdessen dies oder jenes, nein, er sagt: Gib alle Arten von Religion auf und gib dich einfach der Wahrheit hin! Und indem du das tust, wirst du die Wahrheit erkennen und alles wird gut sein!

Warum sagt Krishna, dass alles gut sein wird, wenn du dich der Wahrheit hingegeben hast? Weil du dadurch deine Angst verlierst! Du wirst deine Angst verlieren. Angst ist eine Triebfeder für alle lebenden Wesen auf der Erde, egal welcher Art sie angehören. Darum verteidigt sich jedes lebende Wesen. Hier liegt der Antrieb, Nahrung aufzunehmen. Hier liegt der Antrieb zum Leben. Und hier liegt der Antrieb für alle Art von Aktivitäten. Hier liegt auch der Grund, warum alle lebenden Wesen darum bemüht sind, ihren Tod zu vermeiden. Angst! Und worauf basiert die Angst? Die Angst basiert auf der Idee, dass wir etwas zu verlieren haben. Es ist die Idee, dass es tatsächlich etwas zu befürchten gibt. Dass da etwas ist, vor dem wir Angst haben mussten. Wenn wir uns die Sache jedoch einmal aus spiritueller Sicht ansehen, dann erkennen wir, dass es nichts zu verlieren gibt, weil wir nicht mit unseren

Besitztümern identisch sind, wir sind nicht einmal unser Körper. Wir verstehen, dass wir unser Selbst niemals verlieren können, denn wir sind dieses Selbst. Wir sind der Atman in uns und daher verstehen wir, dass es niemals irgendeine Grundlage für irgendeine Angst gegeben hat. Darum ist ein Heiliger immer der furchtloseste Mensch auf der Welt.

Wir verstehen Vedanta also als eine ganz und gar lebendige Lehre, die sich nicht nur an spirituelle Lehrer (Acharyas) und Philosophen wendet, sondern die für jeden von uns gilt. Der große christliche Heilige, Augustus, sagte einmal: Der größte Philosoph ist derjenige, der Gott liebt! Wenn du also die Wahrheit erkennen willst, und wenn du der größte Philosoph sein willst, dann liebe einfach Gott!

Der vedische Weg der Gotterkenntnis

Über das Thema unseres heutigen Vortrags habe ich ein Buch geschrieben, mit eben diesem Titel: Der vedische Weg der Gotterkenntnis. Und bevor ich darüber sprechen möchte, wie dieser vedische Weg aussieht, möchte ich kurz etwas darüber sagen, wie mein Buch über das Thema zustande gekommen ist, denn das ist eine ganz interessante Geschichte.

Als ich mich noch im Grundstudium an der Universität von Chicago befand, hatte ich dort im Hauptfach Philosophie und Theologie. Und das war wirklich eine der interessantesten und spannendsten Zeiten meines Lebens. Weil ich dort die Möglichkeit hatte, Philosophie und christliche Theologie bei ganz herausragenden Kopten zu studieren. Einer meiner Professoren zum Beispiel war der Jesuit, Father C. Leo Sweeney. Zu der Zeit, als ich bei ihm studierte, wurde er als der kompetenteste Lehrer der Philosophie des Thomas von Aquin in der ganzen westlichen Welt bezeichnet. Und auch sein Lehrer, Étienne Gilson, hatte, zu der Zeit, als er selbst studierte, ebenfalls dieses besondere Attribut. Ich hatte dort also die Möglichkeit, bei einigen wirklich herausragenden Persönlichkeiten zu studieren. Eine davon war eine Professorin mit Namen Tracy Pinchman. Eine sehr interessante, junge Frau, die damals gerade eingestellt worden war, um „den ganzen Rest" zu unterrichten. Die theologische Fakultät war auf das Christentum konzentriert, denn es war eine katholische Universität, die von Jesuiten geführt wurde, und sie hatten Frau Tracy Pinchman eingestellt, damit sie „alles Sonstige" unterrichten konnte. Das heißt also: Hinduismus, Buddhismus, Taoismus etc. Sie selbst war Jüdin, aber ihre Spezialität war der Hinduismus. Eine wirklich wunderbare Person. Heute ist sie eine berühmte Professorin und hat viele Bücher geschrieben, aber damals war sie gerade soeben als Professorin eingestellt. Ich kam mit ihr sehr gut aus. Wir hatten viele philosophische Gespräche über den Hinduismus und in einer dieser Unterredungen, ich glaube, es war ungefähr im Jahr 1994, als wir darüber sprachen, worauf ich mich in meiner Diplomarbeit konzentrieren sollte, schlug sie etwas Interessantes vor: Da ich persönlich am Hinduismus interessiert und in diese Philosophie auch eingetaucht war und der Vaishnava-Tradition, also der theistischen Richtung der Hindu-Tradition folgte, sollte ich mich bei meiner Arbeit genau darauf konzentrieren. Sie war der erste Mensch, der diese Idee in meinen Geist einpflanzte. Und in meinem Buch habe ich ihr dafür gedankt.

Später an der Universität, als ich etwas tiefer über die Sache nachdachte, erkannte ich, worüber ich genau schreiben sollte. Ich hatte zu dem Zeitpunkt die westliche und die östliche Philosophie bereits recht umfangreich studiert, mich dabei jedoch auf das Gebiet des Hinduismus, bzw. des Santana Dharma, konzentriert. Und dabei war mir Folgendes aufgefallen: Wenn es um die Frage geht, wie Gott beschaffen ist, wie seine Natur bzw. sein Wesen aussieht, haben natürlich alle irgendeine Meinung. Alle Weltreligionen basieren auf solchen Meinungen. Die Muslime sagen das eine und die Christen sagen etwas anderes und innerhalb des Christentums sagen die Katholiken etwas anderes als die Protestanten und die Mormonen sagen wieder etwas anderes und so weiter und so weiter. Man kann sich all die verschiedenen Religionen und Philosophien ansehen, sie alle haben ihre eigene Aussage darüber, wie das Göttliche, bzw. wie Gott, beschaffen ist und in diesem Rahmen ist die vedische Position vom Wesen des Göttlichen besonders umfassend und tiefgehend.

Obwohl also alle diese Meinungen durchaus interessant sind, stellte sich für mich die noch viel fundamentalere Frage: Woher kommen eigentlich diese Behauptungen über die Natur und das Wesen Gottes? Jeder behauptet, etwas über Gott zu wissen! Die evangelikalen Christen sagen: Gott ist so und so! Und eine andere Person sagt: Gott ist dieses oder jenes! Aber die fundamentale Frage ist: Woher wissen sie das? Woher nimmst du die Behauptung? Mit anderen Worten, und dies ist die wirkliche Frage: Wie ist es dem Begrenzten überhaupt möglich, das Unbegrenzte zu erkennen? Den inneren Widerspruch sehen wir bereits, wenn wir uns diese Frage ansehen. Wenn wir begrenzte Wesen sind, und das sind wir. Täuschen wir uns darüber nicht selbst. Wir sind tatsächlich begrenzte Wesen! Und woher wissen wir, dass wir begrenzte Wesen sind? Nun, wir sind nicht allmächtig, wir besitzen nicht das gesamte Wissen der Welt. Wir wissen, dass wir in unserer menschlichen Daseinsform sterblich sind. Wir wissen, dass wir uns in einer Illusion befinden. Und das könnte man beliebig fortsetzen. Wir sind Wesen, für die im Sanskrit die Beschreibung: Anu, verwendet wird. Es gibt also einen besonderen Begriff für das Wesen des Atman und der lautet: Anu, d.h.: winzig oder Winzigkeit. Wenn das so ist, wie können wir dann das erfassen, dessen Natur unendlich ist, also Gott? Wenn wir es auf diese Weise, also rein logisch betrachten, ist es schlicht unmöglich! Wenn wir das erkannt und akzeptiert haben, wo stehen wir dann? Heißt das, dass wir Wesen sind, die das Göttliche niemals erkennen können? Natürlich nicht! Denn es ist ja gerade unser Rasion d'etre, unser Daseinszweck, das Göttliche zu erkennen! Das ist der Grund, warum wir existieren! Das Göttliche zu erkennen ist der Grund unseres Seins. Ganz allgemein gesprochen, ist es unsere ureigene Natur, etwas zu wissen und zu erkennen. Als Atman, als ewiger Funke, als ewige, glückselige, weise und in seiner Essenz vollkommen perfekte Bewusstseinseinheit, mit einem Wort, als lebendes Wesen, ist es eines der zentralen Kennzeichen, etwas wissen zu wollen, Erfahrungen machen zu wollen. Patanjali, der Autor der Yoga Sutras, bezeichnet den Atman, also die Seele, auch als den Erfahrenden oder den Erlebenden. Was bedeutet das? Es heißt, wir sind dazu bestimmt, etwas zu erfahren, etwas zu wissen. Wir suchen ständig nach Wissen und eigentlich suchen wir nach dem Göttlichen.

Vor dem Hintergrund all dessen bemerkte ich, als ich auf der Universität war, dass ich über dieses Thema in meiner Doktorarbeit schreiben wollte. Und genau das habe ich dann auch gemacht. Ich begann damit um das Jahr 1998 und beendete es im Jahr 2001. Die Arbeit wurde akzeptiert, wenn auch mit ein wenig Auseinandersetzung, weil ich die vedische Philosophie mit ihren eigenen Begriffen und in ihrem eigenen Selbstverständnis untersuchen wollte. Das allerdings ist etwas, was man an Universitäten eigentlich nicht macht. Man muss dort üblicherweise eine Perspektive wählen, die sowohl wissenschaftlich als auch an westlichen Werten orientiert ist und die dem materialistischen Weltbild entspricht. Ich weigerte mich jedoch, dies zu tun. Ich weigerte mich, die vedische Literatur in einer neo-marxistischen, freudianischen Perspektive zu betrachten. Stattdessen schuf ich meine eigenen Methoden, um die vedischen Schriften zu untersuchen. Dies verursachte eine Menge Auseinandersetzungen, als ich zu meiner Doktorarbeit Stellung nehmen musste. Aber schließlich wurde es akzeptiert, denn man konnte meine Vorgehensweise nicht widerlegen. Obwohl ich mich zugleich mit fünf Professoren auseinandersetzen musste, die gemeinsam versuchten, meine Methoden infrage zu stellen. Aber sie konnten es nicht.

Warum erzähle ich das? Weil diese kleine Geschichte wunderbar darstellt, welche Probleme wir, die wir in der westlichen Welt leben, damit haben, das vedische Weltbild zu verstehen. Denn, wenn wir das vedische Weltbild tatsächlich verstehen wollen, dann müssen wir dies im Rahmen seiner eigenen Bedingungen tun. Und mehr noch, diejenigen, die sagen, dass sie die Wahrheit erkennen wollen, also Gott erkennen wollen, denn Gott ist nur ein anderer Begriff für die Wahrheit, müssen dies ebenfalls zu Gottes eigenen Bedingungen tun. Und das ist das Problem, dem viele Menschen auf dem religiösen Weg schließlich begegnen. Wenn ich die Wahrheit erkennen will, stellt sich die Frage: Will ich die Wahrheit wirklich sehen, wie sie tatsächlich ist, oder will ich meine eigene, selbstgerechte Version der Wahrheit kreieren und diese dann auf Gott projizieren? Diejenigen, die die Wahrheit sehen sollen, wie sie tatsächlich ist, ohne jede Veränderung, finden heraus, dass die Wahrheit tatsächlich erkannt werden kann. Das Begrenzte kann das Unbegrenzte erkennen! Aber, wie kann die Wahrheit erkannt werden? Indem man versteht, dass es die Gnade des Unbegrenzten ist, die dem Begrenzten das Verständnis des Unbegrenzten ermöglicht. Die Gnade sticht die Logik aus!

Obwohl es also logisch gesehen nicht möglich ist, dass das Begrenzte das Unbegrenzte erkennen kann, ist es dennoch so, dass das Unbegrenzte, wenn es wirklich unbegrenzt ist, die Möglichkeit hat, sich selbst zu erkennen zu geben. Wenn das nicht so wäre, wäre das Unbegrenzte nicht wirklich das Unbegrenzte! Das ist mit Omnipotenz, also mit Allmächtigkeit, gemeint. Dass es nämlich an der Gnade Gottes liegt, ob wir Gott erkennen können, obwohl wir dazu rein logisch gesehen eigentlich nicht in der Lage sein sollten. Das ist das Mysterium, das ist die Natur des Göttlichen.

Lasst mich nun ein wenig präziser darüber sprechen, wie die Wissenschaft des Erkennens im vedischen Weltbild aussieht. Das ist ein ganz faszinierendes Thema. Lasst uns einmal so anfangen: Als menschliche Wesen ist es unsere Bestimmung, zu erkennen. Aber wie erkennen wir all die Dinge, die um uns herum existieren? Zuerst einmal gibt es drei Bedingungen, die gegeben sein müssen. Diese drei Bedingungen gelten grundsätzlich und immer, damit etwas erkannt werden kann. Zuerst einmal muss es denjenigen geben, der etwas erkennt, den Erkenner, die Person, die etwas erkennen möchte. Als zweites muss das Objekt des Erkennens gegenwärtig sein. Das, was man erkennen will. Und als drittes Element muss es das Medium des Erkennens geben, also das, durch das es dem Erkenner möglich wird, das Objekt der Erkenntnis zu erkennen. Diese Grundlagen sind wichtig, ihr müsst sie im Gedächtnis behalten, wenn wir weitergehen. Es gibt also den Erkenner, die Person, die etwas erkennen will, dann gibt es das Objekt der Erkenntnis und schließlich das Medium, durch das wir erkennen können.

Ich gebe ein Beispiel: Nehmen wir an, ich bin die Person, die etwas erkennen will, ich bin also der Erkenner. Und was will ich wissen, was ist das Objekt der Erkenntnis? Ich will wissen: Gibt es in meiner näheren Umgebung ein Glas Wasser? Brauche ich jetzt ein Medium, um dieses zu erkennen? Ja, ich brauche meine Augen und schaue mich um! Und auf diese Weise erlange ich das gewünschte Wissen.

Vor diesem Hintergrund können wir einen Schritt weiter gehen: Im vedischen Weltbild gibt es drei ganz und gar unterschiedliche Wege der Erkenntnis. Alle drei sind sehr interessant. Der erste Weg wird Pratyaksha genannt. Hier werden zwei vedische Begriffe zusammen verwendet, erstens der Begriff ist Praty, das bedeutet: durch, und zweitens der Begriff Aksha, der bezeichnet: das Auge. Pratyaksha meint also: mit den Augen oder auch durch die Augen. Das ist die Art von Erkenntnis, die wir Empirismus nennen: Erkennen durch die Sinne. Oder anders gesagt: Alles Materielle erkennen wir durch unsere Sinne. Wenn wir also den Begriff Pratyaksha benutzen, sprechen wir über Erkenntnis durch unsere Sinne. Bei allem, was aus Materie besteht, gilt also, wenn ich es erkennen will, muss ich mich meiner Sinne bedienen.

Wir kommen hier zu einem ganz grundlegenden Prinzip. Denn wenn wir uns die drei zentralen Wege der Erkenntnis ansehen, werden wir feststellen, dass das Medium der Erkenntnis jeweils dem Objekt der Erkenntnis entsprechen muss. Das bedeutet: Das Medium der Erkenntnis muss aus der gleichen Substanz sein, wie das Objekt der Erkenntnis. Das heißt mit anderen Worten: Wenn ich Materie erkennen will, muss das Medium der Erkenntnis materiell sein. Und da all unsere Sinne materieller Natur sind, kann man mit ihnen also die Materie erkennen.

Der zweite Weg der Erkenntnis ist Anumana. Anumana bedeutet: logisches Denken, Verstand, Intellekt oder auch gedankliche Schlussfolgerung. Kann ich logisches Denken nutzen, um zu erkennen, ob es hier in meiner Umgebung ein Glas Wasser gibt? Nein, das kann ich nicht, denn es ist weder logisch noch unlogisch, dass sich hier ein Glas Wasser befindet. Ich kann logisches Denken also nicht benutzen, ich muss meine materiellen Sinne benutzen, um etwas Materielles erfassen zu können.

Anumana dagegen, also logisches Denken oder intellektuelles Schlussfolgern etc. als Medium der Erkenntnis, benutze ich, wenn ich Objekte erkennen möchte, die von Natur aus intellektueller Art sind. Die beiden primären Bereiche, in denen das der Fall ist, sind zum einen die Mathematik und zum anderen die Logik. Eins plus eins sind zwei! Eins und eins sind nicht fünfundsiebzig! Woher weiß ich das? Muss ich etwas sehen, um das zu wissen, oder muss ich etwas hören? Nein, wir nutzen hier nicht unsere Sinne und doch wissen wir, dass es richtig ist. Nicht wahr! Wir wissen es einfach, wir brauchen dafür nicht irgendetwas zu sehen oder sonst wie zu erfahren. Woher wissen wir also? Indem wir Anumana benutzen, also unseren Verstand, unser logisches Denken. Es gibt eine Reihe von Regeln, die im Rahmen der Logik und der intellektuellen Schlussfolgerung beachtet werden, sodass wir hier durch entsprechende Schlussfolgerungen zur Erkenntnis kommen.

Ich möchte noch ein ganz bekanntes Beispiel geben, das in der vedischen Logik sehr oft angeführt wird: Wenn du einen Berg betrachtest und du siehst enorme Rauchwolken vom Berg aufsteigen, aber außer dem Rauch kannst du nichts erkennen, dann kannst du schlussfolgern, dass dort ein Feuer brennt. Du kannst das Feuer nicht sehen. Du kannst optisch, mit deinen Sinnen das Feuer nicht wahrnehmen, aber du weißt, dass dort ein Feuer ist. Du könntest praktisch dein Leben darauf verwetten, dass dort, auf diesem Berg ein Feuer brennt. Warum ist das so? Weil du eine logische Schlussfolgerung vornimmst. Dort, wo Feuer ist, da ist auch Rauch! Das ist eine Kausalität. Wir benutzen also die logischen Prinzipien, um Dinge zu erkennen, die sich jenseits unserer Sinne befinden. Die wir mit unseren Sinnen nicht erkennen können.

Wenn wir diese beiden Wege der Erkenntnis jetzt noch einmal insgesamt betrachten, stellen wir ein Problem bei beiden Wegen fest. Zuerst einmal ist festzuhalten, dass der erste Weg Pratyaksha, also der sog. Empirismus, nur mit den Dingen funktioniert, die materiell und daher durch unsere Sinne erfahrbar sind. Und der zweite Weg Anumana, also das logisch intellektuelle Erfassen und Durchdringen, funktioniert dagegen nur mit den Kategorien von Dingen, die von Natur aus intellektuell sind. Und das ist bei beiden Wegen das Problem. Beide Wege sind mangelhaft, denn sie sind in ihren Möglichkeiten eng begrenz. Sie sind vielfältig begrenzt, ganz besonders durch das jeweils eng begrenzte Objekt ihrer Erkenntnis. Was bedeutet das nun, wenn es um die Erkenntnis von Gott geht? Lasst uns die Erkenntnis von Gott mit der ersten Methode, also mit Pratyaksha bzw. der Erkenntnis durch die Sinne versuchen. Tatsächlich ist es unmöglich, Gott durch unsere Sinne oder mit unseren Sinnen zu erfassen bzw. zu erkennen. Warum? Weil Gott natürlich kein physikalisches Objekt ist. Gott ist nicht materiell. Darum ist Gott mit dieser Art der Erkenntnis nicht erfassbar. Dazu kommt, dass unsere Sinne unvollkommen und keinesfalls perfekt sind. Wir kommen auf diesen Aspekt später noch einmal zurück. Lasst uns jetzt erst einmal die zweite Erkenntnismethode, Anumana, also das logisch intellektuelle Erkennen betrachten. Können wir Gott allein durch logisch intellektuelle Betrachtungen erkennen? Nein, das können wir nicht. Intellektuelle Betrachtungen und Schlussfolgerungen sind mächtige Erkenntnismöglichkeiten, mächtiger als das Erkennen durch unsere Sinne, aber auch diese Art der Erkenntnis ist begrenzt. Wir besitzen inzwischen Computer, die schnellere Berechnungen anstellen können als der menschliche Verstand. Schon daran sehen wir, dass der menschliche Verstand begrenzt ist, bei der Anzahl seiner Kalkulationen und im Ausmaß seiner Logik. Dazu kommt, dass das Objekt unserer Erkenntnis, also Gott, nicht nur transmateriell ist, sondern auch trans-intellektuell. Gott transzendiert, er übersteigt also die Logik und Gott transzendiert, er übersteigt den Intellekt. Das bedeutet also, unser Objekt der Betrachtung, Gott, korrespondiert nicht mit dem Medium der Erkenntnis. Das Medium der Erkenntnis ist Logik. Aber Gott befindet sich jenseits der Logik und kann daher mit Logik allein nicht erkannt werden.

Ich möchte noch einmal in unseren Betrachtungen eine Stufe weiter gehen und neben dem bisher Erwähnten auf folgenden Sachverhalt hinweisen: Gemäß der vedischen Lehre müssen wir verstehen, dass es vier spezifische Mängel gibt, an denen jedes menschliche Wesen leidet. Der erste Mangel ist die grundlegende menschliche Eigenschaft, das Opfer von Illusionen zu werden. Mit anderen Worten: Der Mensch hat die Eigenschaft, sich zu täuschen, sich zu irren, ein Opfer seiner Illusionen zu werden. In der Vedanta-Lehre wird hierfür immer wieder ein ganz berühmtes Beispiel gegeben: Du gehst die Straße entlang, als du plötzlich vor dir auf der Straße eine Schlange siehst. Du springst erschreckt zurück. Erkennst dann aber, dass es gar keine Schlange ist, sondern nur ein dickes Seil. Wir können uns also täuschen! Der zweite Mangel ist Irrtum durch Unaufmerksamkeit. Wir kennen das, wenn wir als Student oder Zuhörer vor dem Lehrer sitzen, und während dieser unterrichtet, mit unseren Gedanken ganz woanders sind. Gibt es irgendjemand unter uns, dem das nicht schon einmal passiert ist? Wir haben also die Fähigkeit, unaufmerksam zu sein. Der dritte Mangel ist unser Wunsch, zu betrügen. Oder unser Wunsch, zu lügen. Lügen nicht nur gegenüber anderen, sondern auch uns selbst gegenüber. Wie oft erleben wir es, dass wir mit Personen über irgendetwas sprechen oder diskutieren und wir ein absolut logisches Argument vorbringen, das dennoch vom Gegenüber zurückgewiesen wird. Nicht aus logisch-rationalen, sondern aus rein emotionalen Gründen. Oder weil unsere Argumentation seiner festgefügten Überzeugung widerspricht. Die Menschen betrügen, nicht nur, wenn es darum geht, die Wahrheit zu akzeptieren, sondern darüber hinaus betrügen sie auch sich selbst. Und der vierte Mangel ist der Irrtum, der sich aus der Unvollkommenheit unserer Sinnesorgane ergibt. Unsere Sinne sind ganz einfach begrenzt. Wenn wir in der Nacht zum Himmel blicken und dort eine flache Scheibe in der Größe einer Münze sehen, dann ist das in Wahrheit keine kleine flache Scheibe, sondern es ist der Mond. Also ist das, was wir als Scheibe sehen, in Wahrheit riesengroß und kugelrund. Unsere Sinne sind also unvollkommen. Unsere Sinne belügen uns. Diese vier Mängel hat jeder Mensch. Und als Resultat davon werden die beiden Wege der Erkenntnis, die wir bisher betrachtet haben, Anumana, logisch-intellektuelles Begreifen, und Pratyaksha, empirisches Erfassen, durch unsere Sinne, als nicht zur Gotterkenntnis geeignet, zurückgewiesen.

Wie ist es dann möglich, Gott zu erkennen? Das geht nur auf dem dritten Weg mit Namen Shabda. Bevor ich erkläre, was damit gemeint ist, möchte ich noch einmal an das vedische Prinzip erinnern, nachdem das Medium, durch das ich ein Objekt erkenne, dem Medium, aus dem das Objekt selbst besteht, entsprechen muss. Wenn es allerdings zum dritten Weg, Shabda, kommt, können wir trotzdem – und im Gegensatz zu dem gerade dargelegten Prinzip der Entsprechung – Gott ohne jedes Medium erkennen. Das widerspricht auf den ersten Blick allem, was wir zuvor gesagt haben. Aber bei genauerer Betrachtung ist es dennoch kein Widerspruch. Denn was genau ist denn das korrespondierende Medium zwischen dem Individuum, das Gott erkennen möchte und dem zu erkennenden Objekt, nämlich Gott selbst. Das korrespondierende Medium ist das Bewusstsein selbst und darum ist ein separates oder zusätzliches Medium nicht erforderlich. Wenn wir also Gott erkennen wollen, gibt es bereits diese Verbindung zwischen uns und Gott über das Bewusstsein. Das Bewusstsein erkennt quasi das Bewusstsein. Über diesen Weg erkennen wir Gott! Und das geschieht interessanterweise ohne jedes zusätzliche Medium, ohne irgendetwas, das zwischen uns und dem Göttlichen steht. In dieser Weise unterscheidet sich Shabda ganz radikal von den anderen beiden Wegen der Erkenntnis. Zum einen, weil wir kein zusätzliches Medium verwenden, und zum anderen, weil wir weder mit dem physischen Körper noch mit dem Verstand arbeiten, sondern mit dem Höchsten, was es gibt, mit dem Bewusstsein selbst.

Und wenn wir auf diese Weise die Beziehung von Bewusstsein zu Bewusstsein verstehen und insbesondere die Beziehung zwischen unserem begrenzten Bewusstsein und dem unbegrenzten Bewusstsein Gottes, dann verstehen wir auch, dass es keine Trennung zwischen Gott und uns gibt. Darum sprechen in jeder mystischen Tradition, und nicht nur bei den indischen Rishis, die Mystiker von der Einheit zwischen ihnen und Gott. Wir hören das immer wieder. So viele Mystiker, z.B. Franz von Assisi oder Hildegard von Bingen in der christlichen Tradition und natürlich die indischen Rishis und viele, viele andere Mystiker in so vielen Traditionen, sie alle sprechen von der Einheitserfahrung, zwischen ihnen selbst und dem Göttlichen. Unio Mystica nennt man die Erfahrung auf Latein, bei der sie fühlen, dass sie und das Göttliche eine Einheit sind. Jetzt können wir verstehen, was mit der Aussage gemeint ist.

Allerdings, wie ich immer wieder betone, müssen wir verstehen, in welchem Sinn diese Einheit zu verstehen ist. Bedeutet es, dass der Mystiker tatsächlich Gott wird? Nein, so etwas wie „zu Gott werden" gibt es nicht! Der Mystiker wird nicht zu Gott! Wenn man nämlich die Aussage „zu Gotte werden" genau betrachtet, sieht man bereits, dass sie einen Widerspruch in sich bildet. Wenn man „zu Gott werden" würde, dann wäre man vorher ja nicht Gott gewesen, aber das kann nicht sein, denn Gott ist immer Gott. Also wird der Mystiker nicht zu Gott!

Was der Mystiker jedoch erlebt, ist der Fortfall der Grenzen zwischen seinem Bewusstsein und dem göttlichen Bewusstsein. Dass es eben kein Medium zwischen ihnen gibt und keinen Zaun. Wir erleben das sogar in unserem Alltagsleben. Wenn du jemals jemanden geliebt hast, fühlst du dann nicht manchmal, dass du und die andere Person eins sind. Stell dir dies vor, aber in unermesslichem Ausmaß und für unendliche Dauer. Das erleben wir mit Gott. Diese Art der Einheit. Du verlierst dein Selbst nicht im Göttlichen. Du bleibst du. Wenn du nicht du bleiben würdest, um es erleben zu können, dann hätte das Erlebnis keine Bedeutung. Dies ist übrigens der Punkt, an dem die buddhistische Lehre letztlich scheitert! Aus diesem Grund funktioniert der Buddhismus letztlich nicht! Es muss einen Erlebenden geben! Es muss ein ewiges Selbst geben, damit dieses etwas erleben kann. Ohne einen Erlebenden hört das Erlebnis auf zu existieren. Ohne einen Erlebenden gibt es kein Erlebnis.

Mit unserem Selbst als Erlebenden, als Atman, verstehen wir diese unendliche Nähe und wir erleben diese unendliche Nähe mit dem Göttlichen in einem Ausmaß, bei dem es keine Grenzen mehr zwischen Gott und uns gibt.

Was bedeutet das nun praktisch in Bezug auf unser Erkennen von Gott, denn darüber sprechen wir ja letztlich? Es geht um das Erkennen von Gott. Wenn wir mit Gott eins sind, in dem Sinne, dass es keine Grenzen zwischen uns gibt, ist es dann nicht tatsächlich so, dass wir das Gleiche wissen, was auch Gott weiß! Auf diese Weise wird in der vedischen Praxis die Wahrheit enthüllt. Wenn wir als spirituell Praktizierende zu dem Punkt kommen, an dem wir diese Verbindung mit Gott erreicht haben, wenn wir also Befreiung bzw. Erleuchtung erlangt haben, wenn somit die künstliche Trennung zwischen uns und Gott vollständig verschwunden ist, dann werden wir zu einem sog. Rishi. Ein Rishi ist jemand, der diese Erfahrung gemacht hat, und dadurch ist sein Ego verschwunden. Und ebenfalls verschwunden sind die vier menschlichen Mängel, von denen wir vorhin gesprochen haben. All das wurde transzendiert, es wurde überschritten, ein Rishi befindet sich auf der Ebene des reinen Bewusstseins. Und auf dieser Ebene spielt die Unvollkommenheit der Sinne keine Rolle mehr. Dort gibt es keinen Wunsch mehr zu betrügen oder gegenüber anderen als Gewinner dazustehen. All diese vier normalen menschlichen Mängel sind von dem erleuchteten Individuum transzendiert, überschritten, aufgelöst worden. Und nun hat der Betreffende die Möglichkeit, für sich selbst die reine Wahrheit zu erfassen und zu verstehen, und darüber hinaus kann er die so erfahrene Wahrheit anderen Menschen enthüllen.

Das hört sich nach einem sehr hohen, fortgeschrittenen Zustand an, nicht wahr! Ein so hoher Zustand ist für uns beinahe unvorstellbar. Und dennoch, und das ist das Großartige, für unser wahres Selbst, für den Atman, die Seele, die wir wirklich sind, ist dies alles ganz normal! Es ist eigentlich unser ganz normaler Seelenzustand, in der Lage zu sein, die Wahrheit so vollkommen zu erfassen. Das ist unser ganz normaler Zustand! Die Tatsache, dass wir die Wahrheit nicht auf diese Weise erkennen und verstehen, das ist die Besonderheit. Wir vergessen das manchmal. Wir tendieren dazu, uns unsere Entwicklung von unserem illusionären Zustand ausgehend und dann aufwärts vorzustellen, anstatt sie vom Zustand der Befreiung ausgehend, abwärts zu betrachten. Wir müssen unsere Perspektive ändern. Wenn wir von solch erhabenen Zuständen der Befreiung hören, sollten wir nicht denken: Oh, Gott, das ist weit, weit außerhalb meiner Reichweite und wer weiß, ob ich das jemals verwirklichen werde. Stattdessen sollten wir uns fragen: Warum erlebe ich das jetzt eigentlich nicht? Das ist doch mein normaler Zustand!

Wenn wir also vom Zustand vollkommener Vereinigung und vollkommenen Wissens sprechen, von vollkommener Gemeinschaft, von Yoga im Sinne von Gemeinschaft mit dem Absoluten, dann sprechen wir von etwas, das ganz natürlich ist und das uns unserem Wesen nach angeboren ist. Aber dennoch ist es in unserer materiellen Welt so, dass nur eine geringe Anzahl von Menschen diesen Zustand zu irgendeinem

Zeitpunkt auch tatsächlich erleben kann. Und diese Personen werden dann Rishis genannt. Man könnte das mit Seher oder mit Heiliger übersetzen. Das sind die Menschen, die uns die heiligen Schriften gegeben haben. Die Bhagavad Gita, die Veden, die Upanischaden etc. sind von diesen Menschen offenbart worden.

Der entscheidende Punkt ist aber unsere Ausgangsfrage: Wie erkennen wir Gott? Und die Antwort lautet: Wir erkennen Gott, indem wir zu einem solchen erleuchteten Wesen werden. Der Titel dieses Vortrags heute lautet: Der vedische Weg der Gotterkenntnis, und als Ergänzung können wir hinzufügen: die philosophische Theorie vom Bewusstsein, oder: die Wissenschaft von der Erkenntnis des Bewusstseins. Es geht darum, zu erkennen, wie, auf welche Weise, wir etwas erkennen können. Und der hier vorgestellte Weg ist der vedische Weg, um Gott oder das Göttliche zu erkennen. Durch unser menschliches Bewusstsein erkennen wir das höchste Bewusstsein. Und damit erhalten wir die Möglichkeit, die Wahrheit zu erkennen, und dies wiederum befähigt uns, anderen zu helfen, ebenfalls die Wahrheit zu erkennen, indem wir ihnen die Wahrheit enthüllen. Das ist in aller Kürze der vedische Weg zur Gotterkenntnis.

Siddhanta – Die Philosophie des Sanatana Dharma

Worüber ich heute sprechen möchte, nennt sich im Sanskrit: Sanatana Dharma – Darshana Siddhanta. Siddhanta ist das Sanskrit-Wort für eine philosophische Aussage, eine Feststellung oder auch eine Erkenntnis. Wir Menschen können viel über Philosophie sprechen oder ewig über Wahrheit spekulieren. Letzten Endes muss es aber irgendwann eine feste Grundlage für all unsere Spekulationen geben, eine philosophische Grundlage, auf der die Philosophie aufbauen kann. Im Sanskrit nennt man diese Grundlage Siddhanta. Und heute Abend möchte ich die Frage beantworten: Was ist die philosophische Grundlage, also die Basis des Santana Dharma? Was bedeutet es genau, ein Anhänger dieser Philosophie zu sein und wie sicht diese Philosophie exakt aus?

Als Menschen, bzw. als Individuen mit menschlichen Körpern, befinden wir uns in einer ganz besonderen Situation. Wie wir wissen, gibt es sehr viele verschiedene Lebensformen, tatsächlich sind es viele Millionen. In den vedischen Schriften wird gesagt, dass es genau acht Millionen und vierhunderttausend unterschiedliche Lebensformen gibt. Ob diese Zahl tatsächlich stimmt, weiß ich nicht, aber so steht es in den Veden. Wie dem auch sei, wir wissen, dass es sehr viele unterschiedliche Arten gibt und wir haben das Glück, dass wir uns in der menschlichen Lebensform befinden. Warum ist das ein Glück? Das liegt daran, dass wir ganz besonders in der menschlichen Lebensform die Fähigkeit haben zu denken! Wir können als Menschen über die wichtigen Fragen des Lebens nachdenken! Als Menschen können wir unsere Existenz hinterfragen. Die meisten Wesen können das nicht! Aber wir können es und wir tun das auch ständig. Dies ist ein interessantes menschliches Phänomen. Ganz unabhängig davon, wer du bist, oder wo du bist, und ganz unabhängig von der jeweiligen Lebenssituation, der Kultur, der Sprache oder der Religion, auf die eine oder die andere Weise stellt sich jeder die wichtigen Lebensfragen. Bei manchen beginnt das bereits in jungen Jahren, bei anderen erst mit dem Älterwerden. Am besten ist es, wenn früh damit begonnen wird, aber irgendwann wird sich jeder die wichtigen Fragen stellen: Warum bin ich hier? Warum existiere ich? Wer bin ich? Warum ist es so, dass ich jeden Morgen, wenn ich aufwache und meine Augen öffne, etwas Konkretes um mich herum erblicke, statt in eine gähnende Leere zu starren? Auch das ist eine fundmentale Frage. Warum gibt es eine Welt? Warum sehe ich etwas, wenn ich meine Augen öffne und warum blicke ich nicht ins Nichts? Und so weiter. All diese natürlichen philosophischen Fragen tauchen ganz von selbst auf.

Der Grund, warum wir diese Fragen stellen und warum das für uns als menschliche Wesen ganz natürlich ist, liegt darin, dass wir in unserem Leben stets ein gewisses Unbehagen empfinden, wenn wir uns diesen Fragestellungen nicht zuwenden. Die westlichen Philosophen haben diese Empfindung Existentielle Angst genannt. Einige werden sicher bereits einmal von den Existentialisten oder den existentialistischen Philosophen gehört haben. Der Existentialismus ist gegenwärtig nicht ganz so populär, wie er es in der Vergangenheit gewesen ist. Die Existentialisten haben unsere Existenz als solche hinterfragt, darum wurden sie so genannt. Unglücklicherweise jedoch waren die meisten Existentialisten auch Atheisten und darum gab es für sie ihr ganzes Leben lang kein Entrinnen aus der existentialistischen Angst, aus der Sorge und der Depression. Denn sie kamen nie zu einer philosophischen Lösung. Tatsächlich waren sie aber durchaus auf der richtigen Spur, denn wir spüren ja alle diesen Wissensdrang. Egal wer wir sind, wir wollen wissen, worum es im Leben eigentlich geht. Es muss mehr geben als nur das, was ich alltäglich sehe oder höre. Und hier beginnt die philosophische Suche.

Wenn wir mit der philosophischen Suche beginnen und uns umschauen, dann sehen wir, dass es nur zwei Wege gibt, wie wir Realität verstehen können. Es gibt tatsächlich nur zwei unterschiedliche Weisen, auf die wir die Welt um uns herum betrachten können.

Entweder kommen wir bei der Betrachtung der Welt um uns her schließlich zu der Schlussfolgerung, dass alles, was geschieht, auf dem Zufallsprinzip basiert. Alles erscheint uns chaotisch. Es scheint nicht wirklich eine Intelligenz hinter den Dingen und Geschehnissen zu geben. Darum ist auch alles ohne tiefere Bedeutung. Und tatsächlich kommen viele Menschen genau zu diesem Ergebnis und leider haben sie dann natürlich auch Angst für den Rest ihres Lebens.

Es gibt aber auch eine zweite Möglichkeit, die Realität um uns herum zu betrachten. Und zwar auf die Weise, dass wir Sinn und Bedeutung erkennen, wenn wir die Dinge und Geschehnisse um uns herum beobachten. Wir verstehen, dass auch dann, wenn die Dinge manchmal chaotisch erscheinen, eine höhere Ordnung hinter allen Geschehnissen steht. Und wir sehen, dass es eine göttliche Intelligenz gibt, als das natürliche Ordnungsprinzip der uns umgebenden Welt. Wenn wir innerlich zur Ruhe kommen und die Fähigkeit entwickeln, das Vorhandensein der Ordnung zu erkennen, und wenn wir der Welt dann erlauben, zu uns zu sprechen, dann tut sie das auch! Und dann beginnen wir das Geheimnis, die verborgene Hand Gottes hinter allen Dingen zu sehen. Dieser zweite Weg, die Welt zu betrachten, das nennt sich Dharma! Diese natürliche Ordnung hinter den Dingen ist Dharma! Ganz einfach!

In all meinen Vorträgen betone ich immer wieder ganz besonders diesen Begriff: Dharma! Oder auch: Sanatana Dharma! Und auch in den heiligen Schriften selbst, den Veden und anderen, wird das immer wieder getan! Der Grund dafür ist, dass wir die Bedeutung von allem verstehen, wenn wir wirklich den Begriff Dharma verstehen. Wir verstehen dann nämlich, was sich hinter all den Dingen verbirgt und wir beginnen unseren Platz im Universum zu verstehen. Das ist also die umfassende Bedeutung von Dharma.

Lasst uns mit unserer Suche noch ein wenig tiefer gehen. Wenn wir eine Ahnung davon haben, was mit Dharma gemeint ist, erkennen wir, dass es einen Sinn hinter den Dingen und Geschehnissen der Welt gibt und dass ich diesen Sinn erkennen kann, wenn ich spirituell und philosophisch tief genug danach forsche. Wenn diese Suche beginnt, dann beginnt sie ganz natürlich beim eigenen Selbst. Interessanterweise haben viele Menschen die Idee, dass die spirituelle Suche damit beginnt, sich in der Außenwelt auf eine Art Wanderschaft zu begeben, durch Wälder zu streifen, Berggipfel zu erklimmen und dabei den Sinn des Lebens zu suchen. Die Wahrheit ist allerdings, dass die spirituelle Suche nicht mit einer Wanderung in der Außenwelt beginnt, vielmehr beginnt die Suche im eigenen Inneren. Warum ist das so? Nun, bevor wir irgendetwas in der Außenwelt richtig erkennen können, müssen wir uns selbst kennen! Bevor wir irgendetwas erkennen können, müssen wir erst einmal denjenigen kennenlernen, der etwas erkennt. Bevor wir etwas erkennen können, müssen wir wissen, wer es eigentlich ist, der die Wahrheit erkennen möchte. Und darum beginnt die Suche bei uns selbst. Darum wird in absolut jeder großen Philosophie, Religion oder spirituellen Tradition damit begonnen, sich selbst zu erkennen. Erkenne dich selbst!, heißt stets die allererste Aufforderung. Mit der Selbsterkenntnis fängt es an.

Wir beginnen den Prozess der Selbsterkenntnis damit, dass wir zum einen philosophisch hinterfragen: Was ist meine wahre Natur? Aber zum anderen auch auf experimentelle Weise, z.B. durch Meditation. In der Meditation trennen wir unser Selbst von den Inhalten unserer Sinne, darum schließen wir z.B. unsere Augen, wenn wir meditieren und wir begeben uns in die Stille. Wir beruhigen die Sinne. Aber nicht nur das, beim Meditieren beruhigen wir außerdem unser Denken, wir trennen uns von dem ständigen inneren Geplapper. Auf diese Weise kommen wir in der Meditation zu dem Punkt, an dem wir uns von all dem getrennt haben, was wir nicht sind. Und dann entdecken wir eine wirklich erstaunliche Sache: Es gibt jemanden in uns! Und dieser Jemand sind wir selbst! Es ist die erstaunlichste Sache überhaupt! Du beginnst buchstäblich dein eigenes, wahres Selbst zu fühlen und zu erkennen. Du erlebst dein wahres Selbst. Theoretisch haben wir das schon viele, viele Male gehört, von unserem spirituellen Lehrer, beim Lesen heiliger Bücher und bei vielen anderen Gelegenheiten. Aber jetzt können wir es buchstäblich selbst fühlen und erfahren, dass wir in Wahrheit mit unserem inneren Selbst, unserer Seele, identisch sind. Das ist der Beginn der Selbsterkenntnis.

Wie sieht nun die Natur dieses inneren Selbst aus? Die Natur des Selbst ist wunderbar! Es umfasst tatsächlich all das, wonach wir uns sehnen! Alles, was wir, und mehr oder weniger auch alle anderen Lebewesen außerhalb von uns, in der Welt suchen, ist in unserem Selbst vorhanden! Wir suchen nach Schönheit, nach Freude, nach Sicherheit, nach Licht anstelle von Dunkelheit. All diese Dinge suchen wir. Und wenn wir diesen Prozess der Selbsterkenntnis beginnen, merken wir, dass alles, von dem wir dachten, dass wir es in der Welt draußen finden würden, in Wahrheit bereits in uns vorhanden ist. All dies ist Bestandteil unseres wahren Selbst! Alle diese wunderbaren Dinge sind Aspekte unseres wahren Selbst! Wenn wir unseren Atman, unser inneres wahres Selbst erforschen, dann entdecken wir dort zuallererst Glückseligkeit! Aus diesem Grund findet man nicht so viele Yogis, die über ihre Mediation sagen, dass diese für sie fürchterliche Erfahrungen beinhaltet. Man findet einfach keine fortgeschrittenen Yogis, die erzählen, dass sie in ihren Meditationen furchtbare Erfahrungen machen! Stattdessen befinden sie sich in Glückseligkeit! Wenn sie meditieren, erfahren sie Glückseligkeit! Wenn sie meditieren, erfahren sie alles, was sie suchen. Sie finden Erfüllung! Das ist der Unterschied zwischen äußerem und innerem Suchen.

Beim äußeren Suchen, ganz egal was wir suchen, finden wir nicht automatisch endgültige Erfüllung. Es gibt keine Sache, von der wir sagen können, wenn ich die besitze, habe ich endgültig alles, was ich brauche. Ich kann dann einfach still dasitzen und befinde mich für den Rest meines Lebens in Glückseligkeit. Eine solche Sache, die uns das geben kann, gibt es einfach nicht. Falls sie mir nicht glauben, versuchen sie irgendetwas zu finden, das ihnen diese andauernde Glückseligkeit gibt. Versuchen sie es mit einem wundervollen zwei Millionen Euro teuren Wohnhaus, versuchen sie es mit einem BMW und einem Mercedes, versuchen sie es mit fünf Millionen Euro auf dem Sparkonto, versuchen sie es mit dem Traumberuf, den sie immer haben wollten. Versuchen sie, was immer sie wollen, um die ewige Glückseligkeit in der Außenwelt zu erlangen. Garantiert werden sie für kurze Zeit die eine oder andere Freude dabei erleben, aber schlussendlich wird die wirkliche Erfüllung dort nicht zu finden sein. Die finden sie nur im eigenen Selbst!

Mit der Selbsterkenntnis fängt es an! Aber, interessanterweise entdecken wir noch etwas anderes, wenn wir beginnen zu meditieren. Indem wir unser wahres Selbst finden und wahrnehmen, bemerken wir plötzlich, dass dieses Selbst nicht allein ist! Wir beginnen zu erkennen, dass unser Selbst nicht für sich allein, also nicht isoliert, existiert. Denn dieses Selbst muss natürlich auch eine Herkunft, eine Quelle haben. Wie merken wir das? Nun wir erkennen, dass unser Selbst, ganz unabhängig davon, wie wundervoll es ist, trotzdem begrenzt ist. Es ist endlich, nicht unendlich! Und woher wissen wir von dieser Begrenzung, von dieser Endlichkeit? Das ergibt sich ganz zwingend daraus, dass wir uns bisher in einer Illusion befunden haben. Wenn wir wirklich ewige, unbegrenzte Wesen wären, hätten wir das niemals „vergessen" dürfen, wir hätten diesbezüglich zu keinem Zeitpunkt einer Illusion erliegen dürfen. Wir taten aber genau das und das zeigt, dass wir nicht absolut sind, sondern von etwas anderem abhängig bzw von etwas anderem beeinflusst sind. Alles, was die Eigenschaft hat, von etwas anderem beeinflusst werden zu können, ist zwangsläufig schwächer als dieses andere, und mehr noch, es hängt von etwas anderem ab, das größer ist als es selbst.

In diesem Sinne wird eine Person, die sich mehr und mehr mit ihrer eigenen Selbsterkenntnis befasst, schließlich erkennen, dass es ein höheres Selbst hinter dem eigenen Selbst gibt. Und dieses Höhere Selbst ist Bhagavan, das ist Gott! Wir finden in uns also unseren Atman, unser Selbst oder unsere Seele, die wir eigentlich sind, aber dann gibt es in uns zusätzlich noch Param-Atman, das Höhere Selbst. Und damit sind wir beim zweiten Ziel des Sanatana Dharma. Das erste Ziel ist die Selbst-Erkenntnis und das zweite Ziel ist die Gott-Erkenntnis! Die Erkenntnis von Gott!

Wie ist dieses Wesen, das wir Gott nennen, beschaffen? Nun, wir gehen mit dem Wort Gott sehr freizügig um und benutzen es häufig. Der englische Begriff: God, kommt vom Deutschen Wort: Goll, und dieses Wort wiederum stammt vom Begriff:

das Gute, ab. Aber eigentlich, wenn wir den Sanskrit-Begriff benutzen, sprechen wir von Brahman. Wir sprechen also von Atman, unserem eigenen, begrenzten Selbst und dann von Brahman, Gott, dem Absoluten, dem allumfassenden Selbst. Wie ist nun das Wesen Gottes? Viele Religionen sprechen von Gott und stimmen darin überein, dass Gott die höchste Instanz ist, das Summum Bonum, das ist Lateinisch und steht für das Höchste Gute oder für das Beste, das wir uns vorstellen können. Aber warum ist das so? Wir hören das immer wieder und wir hören, dass wir uns Gott hingeben sollen, aber warum? Wenn wir uns jemandem hingeben, dann kann uns diese Person auch missbrauchen. Wir neigen schnell dazu, das göttliche Sein mit dem Sein einer begrenzten Person zu verwechseln. Lasst uns darum versuchen zu verstehen, was die Begriffe Gott bzw. Brahman genau bedeuten. Zuerst einmal gibt es diese Definition von Gott in den Brahma Sutras: Janmad yasya yatah. Das bedeutet: Gott ist der Ursprung, die Quelle aller Dinge. Gott ist das, aus dem alles Sein hervorgegangen ist. Lasst uns damit anfangen. Wir wissen, dass alles aufgrund von Ursache und Wirkung existiert. Zumindest in der materiellen Welt existiert alles nach dem Gesetz von Ursache und Wirkung. Dieses Argument wird auch in der westlichen Welt häufig als Beweis für die Existenz Gottes verwendet. Wenn man die Kette von Ursache und Wirkung weit genug in die Vergangenheit zurückverfolgt und man zu der Ursache kommt, die ihrerseits keine Ursache mehr hat, dann ist man bei Brahman angelangt. Du hast Brahman, das Absolute, erreicht.

Im spirituellen Sinne gibt es allerdings keine Ursächlichkeit, aber es gibt dort Abhängigkeit. Und das bedeutet dann: Das Wesen, von dem die Existenz aller anderen Wesen abhängt, das ist ebenfalls Brahman, Gott, das Absolute. Gott wird als die Grundlage und Quelle aller Dinge, aller Wesen, des gesamten Seins, beschrieben. Das heißt: Alles, wirklich alles, existiert als Ergebnis von Gottes Gnade. Und es existiert nur aufgrund von Gottes Gnade. Und die Existenz von jedem Ding und jedem Wesen wird nur durch Gottes innere Anwesenheit aufrechterhalten. Und das ist interessanterweise sowohl auf der materiellen Ebene als auch auf der spirituellen Ebene der Fall. Darum wird Gott auch als das Selbst von unserem Selbst beschrieben. Wir haben eine Seele, aber Gott ist die Seele unserer Seele. Erst die Anwesenheit von Gott gibt unserer Seele ihr Sein, ihre Existenz. Es gibt nichts Existierendes, nichts, auf das wir zeigen können, oder an das wir denken können, in dem Gott nicht präsent ist und so dessen Existenz erst ermöglicht.

Und wie sieht das Wesen Gottes aus? Nun, Gott hat unendlich viele positive Eigenschaften. Denken Sie an irgendeine positive Eigenschaft, die Ihnen einfällt, irgendeine. Zum Beispiel: Güte, Schönheit, Macht, Größe usw. Denken Sie an jede positive Eigenschaft, die Ihnen einfällt, und setzen Sie die Auflistung unendlich fort. Und dann stellen Sie sich bitte vor: Gott hat jede dieser Eigenschaften, und zwar in unendlichem Ausmaß! Und dies beschreibt nicht einmal wirklich das ganze Wesen Gottes, denn das sind ja nur die Eigenschaften Gottes. Das gibt uns eine kleine Idee davon, wie wunderbar Gott tatsächlich ist. Und was hat das nun mit uns zu tun? Es ist schön, wenn wir verstehen, dass es da jemanden gibt, der eine wunderbare und sehr mächtige Person ist, aber was hat das mit uns zu tun? Das hat natürlich sehr viel mit uns zu tun, weil Gott in uns anwesend ist! Als die Grundlage unseres Seins. Und mehr noch: Weil eines der wesentlichen Attribute von Gott unendliche, bedingungslose Liebe ist, sind wir niemals von Gott getrennt. Wir sind nie vom Göttlichen getrennt. In der Taittiriya Upanischad gibt es ein wundervolles Gleichnis, das unsere Beziehung mit Gott sehr schön beschreibt. In der Upanischad heißt es, wir sollen uns einen Baum vorstellen, einen sehr großen Baum. Und in dem Baum sitzen zwei Vögel. Die Vögel sehen äußerlich gleich aus, in Wahrheit sind sie aber nicht gleich. Ein Vogel hüpft aufgeregt und hektisch im Baum umher und frisst gierig von den Früchten des Baums, ohne sich umzusehen und irgendetwas anderes wahrzunehmen. Der zweite Vogel sitzt still hinter dem ersten Vogel und kümmert sich nicht um die Früchte des Baums. Stattdessen beobachtet dieser ruhig und friedvoll dasitzende Vogel, was der andere Vogel da so hektisch treibt. Er beobachtet nur, er urteilt nicht. In diesem Gleichnis steht der erste hektisch fressende Vogel für uns selbst, für den Atman, unser wahres Selbst. Der Baum steht für die materielle Welt, für unsere Umgebung, für alles, an dem wir uns zu erfreuen bemüht sind. Genau wie der erste Vogel damit beschäftigt ist zu fressen und zu fressen und dabei nur auf sich selbst bezogen ist, so versuchen wir stets, uns an den Dingen der materiellen Welt zu erfreuen. Was wir allerdings nicht bemerken, genau wie der erste Vogel, ist die Tatsache, dass es da einen zweiten Vogel gibt, einen verborgenen, stillen Beobachter, der stets bei uns ist und uns geduldig zusieht. Der geduldig darauf wartet, dass wir endlich bemerken, dass wir nicht allein sind. Es ist eine schier unglaubliche Sache, sich einmal klarzumachen, dass unser allerbester Freund in diesem Augenblick bei uns ist. Sogar wenn wir vollkommen allein sind, sind wir in Wahrheit nicht allein. Unser bester Freund ist bei uns! In unserem Herzen! Jederzeit! Als Zeuge und Beobachter! Geduldig und voller Liebe!

Jeder von uns hat einen besten Freund. Aber hat irgendjemand einen Freund, der viele, viele Leben lang, ohne Unterbrechung bei dir ist und zu dir hält? Er sieht all deine glücklichen und all deine traurigen Momente, er sieht dich in Augenblicken, in denen nicht einmal du dich selbst sehen möchtest. Und er weicht dir niemals von der Seite! Er wartet geduldig darauf, dass du irgendwann bemerkst, dass du nicht alleine bist. Wir alle haben gute Freunde, aber wohl niemand hat einen Freund dieser Art. Einen so guten und so liebevollen Freund. Aber genauso ein guter Freund ist Gott! Er ist immer bei uns und verlässt uns nicht.

Diese drei Dinge, die in dem Gleichnis aus dem Taittiriya Upanischad genannt werden, sind die drei fundamentalen Elemente der Realität. Die gesamte uns umgebende Realität kann einem der drei Dinge zugeordnet werden. Entweder zu Gott, dem beobachtenden Vogel, oder zu Atman, dem individuellen Selbst, dem fressenden Vogel, oder zum Baum, der steht für die Gesamtheit der materiellen Welt. Jedes Element der gesamten Wirklichkeit kann in eine dieser drei Kategorien eingeordnet werden. Dies gehört zu den grundlegenden Lehren des Vedanta, dem Fazit aus den Veden bzw. der Zusammenfassung der Veden.

In welcher Situation befinden wir uns gegenwärtig? Nun, unsere aktuelle Situation ist dadurch gekennzeichnet, dass wir scheinbar von Gott getrennt sind. Wichtig bei dieser Aussage ist der Begriff „scheinbar" getrennt! Denn tatsächlich, wie ich es bereits beschrieben habe, ist Gott ja bei uns! Gott ist ständig in unserem Herzen! Sind wir also tatsächlich von Gott getrennt? Natürlich nicht! Aber wir haben die Illusion, getrennt zu sein! Gott gestattet uns, diese Illusion der Trennung zu haben, weil er uns liebt und uns einen freien Willen gegeben hat.

Wenn du angeblich einen freien Willen hast, du aber nicht die Freiheit hast, Fehler zu machen, ist dein freier Wille eine Illusion. Freien Willen zu haben bedeutet, dass wir Fehler machen können, und unser Fehler ist, dass wir denken, Gott hat uns verlassen und dass wir allein im Universum sind. Die Wahrheit ist: Gott hat uns nie verlassen und wir sind nicht allein. Gott ist hier, anwesend, jetzt, in uns und in allen Dingen! Jedoch, wir nehmen das nicht wahr! Die Situation, in der wir uns hier und jetzt befinden, nennt man Maya. Wir befinden uns in einer Illusion! Der Illusion, von Gott getrennt zu sein. Und als Ergebnis dieser Illusion der Trennung verhalten wir uns so, als ob Gott nicht existieren würde. Darum verhalten wir uns zornig, wir verhalten uns gierig, oder missgünstig und neidisch, wir empfinden Trauer und all diese mehr oder weniger missgünstigen oder negativen Emotionen und Motivationen. Und was passiert, wenn wir uns so verhalten?

Ein Teil des Dharma-Konzepts, der ewigen natürlichen Gesetzmäßigkeit, besagt, dass es im Universum eine Regel gibt, nach der auf jede Aktion eine entsprechende, entgegengerichtete Reaktion erfolgt. Man nennt das Karma. Als Resultat unseres Karmas befinden wir uns in dieser Welt und reinkarnieren von Körper zu Körper. In der Bhagavad Gita wird beschrieben, dass die Seele, die wir in Wahrheit sind, in gleicher Weise, wie wir unsere alten Kleider wechseln, unsere Körper wechselt, wenn sie krank oder alt sind oder einen Unfall erleiden. Die Seele nimmt dann einen anderen Körper, in Übereinstimmung mit unserem Karma, in Übereinstimmung mit unseren freien Entscheidungen in der Welt. Das nennt man Samsara. Den Kreislauf von Tod und Geburt. Und innerhalb dieses Kreislaufs haben wir die Möglichkeit, unsere eigene Zukunft als Resultat unseres Bewusstseins ganz entscheidend zu gestalten.

Wir sprechen hier also über Karma, wir sprechen nicht vom Glauben. Wir sprechen nicht über eine Strafe Gottes, die uns treffen mag. Gott bestraft nicht! Lassen Sie mich das ganz klar sagen, indem ich es wiederhole: Gott bestraft nicht! Vielmehr setzt Gott die natürlichen Regeln des Universums in Bewegung. Wenn wir diese Regeln verstehen, nennt man das

Dharma, und wenn wir mit dem Dharma kooperieren, dann erhöhen wir uns selbst und entwickeln uns positiv. Wenn wir mit den natürlichen Gesetzen des Universums nicht kooperieren, dann gibt es natürliche Konsequenzen. Doch die Gesetze selbst, Dharma oder Karma, sind weder gut noch schlecht! Tatsächlich sind sie in Wahrheit gut, weil das Gesetz generell gut ist. Es ist so ähnlich wie mit dem Feuer. Man kann nicht sagen, dass Feuer gut oder schlecht ist. Feuer ist schlicht ein Teil der Natur. Du kannst Feuer benutzen, um das Haus von irgendjemandem anzuzünden und so seine ganze Familie töten, weil du meinst, dass er ein Feind ist, oder du kannst das Feuer benutzen, um die Welt zu erhellen, um zu kochen und viele positive Dinge damit zu tun. Aber das Feuer selbst ist neutral. In gleicher Weise verhält es sich, wenn wir Karma erleben, sogar bei schlechtem Karma ist es nicht so, dass Gott uns bestraft. Gott bestraft nicht. Stattdessen schaffen wir selbst, durch unsere eigenen ethischen Entscheidungen, durch unseren freien Willen, das, was wir in der Zukunft sein werden.

Es gibt also diesen Kreislauf aus geboren werden und sterben, geboren werden und sterben usw. Das Wunderbare ist, dass es sich bei diesem Kreislauf um eine Manifestation von Gottes Gnade handelt. Warum? Weil es letzten Endes an uns selbst liegt, ob wir ausreichend Selbsterkenntnis erlangen, um uns zu befreien und aus dem Kreislauf auszubrechen. Wir haben die Möglichkeit, den Kreislauf anzuhalten. Und wie machen wir das? Indem wir exakt der Wahrheit folgen! Indem wir Gott folgen! Sie sehen, meine ganze Rede läuft im Kreis. Wir kommen wieder zurück zum Anfang.

Wir befreien uns selbst, indem wir der Wahrheit folgen! Indem wir genau der Wahrheit folgen! Aber es gibt hier einen wichtigen Unterschied, denn zuerst geschieht das Ganze unbewusst. Die meisten Menschen werden sich irgendwann philosophischen Fragen stellen, z.B.: Wer bin ich? Warum bin ich hier? Aber die meisten werden die Fragen in einer mehr oder weniger unbewussten Art und Weise stellen. Sie denken an diese Dinge kurz einmal, kommen zu keiner Antwort und machen weiter mit ihrem Leben. Es ist allerdings so, dass wir die Befreiung schließlich nur dann erlangen, wenn wir diese Fragen bewusst stellen. Wir müssen sie bewusst stellen! Wir müssen wirklich und wahrhaftig die Antworten haben wollen. Wir müssen so nach den Antworten suchen und so nach den Antworten verlangen, als ob die Kenntnis der Wahrheit das Wichtigste überhaupt in unserem Leben ist. Wenn wir die Wahrheit mit diesem Eifer suchen, werden wir die Wahrheit finden! Es entspricht der Natur der Wahrheit und es entspricht dem Wesen Gottes, dass sich Gott und die Wahrheit zu erkennen geben, wenn wir aufrichtig danach suchen.

Dies ist der Anfang. Als Nächstes müssen wir die von uns erkannte Wahrheit auch tun! Die Menschen, die zu meinen Seminaren und Vorträgen kommen, wissen, dass ich das immer wieder betone. Ich selbst habe einen Doktortitel und bin sehr gebildet, glauben Sie mir. Aber man kann zweihundert Doktortitel haben und wird trotzdem Gott nicht erkennen! Ein Doktortitel ist dafür bedeutungslos! Man wird Gott nicht erkennen, indem man ihn intellektuell zu erfassen versucht, sondern nur durch Selbsttransformation, eine Veränderung, die sich im Menschen abspielt. Wir nehmen die Wahrheit und leben sie – auf diese Weise erkennen wir das Absolute! Die Wahrheit leben, nicht die Wahrheit denken! Was bedeutet es, die Wahrheit zu leben? Es bedeutet, dass sich unser ganzes Leben zum Besseren verändert.

Lasst uns noch einmal kurz einen Schritt zurückgehen, ich möchte niemanden erschrecken! Wenn wir damit beginnen, nach der Wahrheit zu suchen, was beutet das? Was bedeutet es, wenn ich sage, dass sich unser Leben komplett verändert? Heißt das, dass ich nun meine Haare abschneiden und mich wie ein Mönch anziehen muss? Muss ich in einem Ashram leben? Muss ich mein Leben komplett ändern und mich von meinen Eltern verabschieden? Ist es das, was ich meine, wenn ich sage, dass sich unser Leben radikal ändert? Nein! Das meine ich nicht! Äußerlich müssen sich die Dinge nicht so sehr verändern. Unsere Leben müssen sich äußerlich überhaupt nicht besonders ändern. Ich kann das gar nicht genug betonen. Jeder der Anwesenden hier hat irgendeine Beschäftigung, entweder einen Beruf oder ein Studium oder etwas Ähnliches. Die meisten haben eine Aufgabe, sie haben Verantwortung zu tragen. Und man kann mit all dem fortfahren, man muss seine Verantwortlichkeiten nicht abgeben.

Trotzdem verändert sich unser Leben radikal, wenn wir ernsthaft damit beginnen, nach der Wahrheit zu suchen, und zwar auf die Art und Weise, dass sich unser Leben innerlich radikal verändert. Menschen, die sich auf diesen Weg zur Wahrheit begeben, können alle bestätigen, dass man plötzlich innerlich ein anderer Mensch ist, dass man plötzlich innerlich einen Frieden findet, den man nie zuvor gekannt hat. Plötzlich hat dein Leben eine Bedeutung, die es nie zuvor gehabt hat. Plötzlich erkennt man einen Sinn in der Welt, die einen umgibt. Und man beginnt, die Glückseligkeit des Atman, des Selbst, der Seele, zu erfahren, in einer Art und Weise, wie man es nie zuvor erlebt hat.

Man weiß innerlich, dass man sich auf dem richtigen Weg befindet und Stück für Stück voranschreitet in Richtung Gott. Und wie sieht das konkret in der Praxis aus? Indem man Sadhana ausführt. Religiöse Übungen. Praxis, Praxis, Praxis ist gefragt! Hier ist ein Beispiel, das ich sehr oft dazu gebe: Im Augenblick ist es so, als hätten wir Amnesie. Wir haben alles vergessen. Wir haben unser wahres Selbst vergessen, wir haben unsere Verbindung zu Gott vergessen. Wir haben spirituelle Amnesie. Wie kann man diese Amnesie loswerden? Nur in der gleichen Weise, wie man auch eine herkömmliche Amnesie behandelt. Nämlich durch praktische Erfahrungen! Durch die Praxis! Indem man durch sein Zuhause geht, indem man die Menschen trifft, die man gekannt hat, indem man sich Fotos seiner Verwandten ansieht, indem man sich mit seiner Einrichtung zuhause und mit seinen Besitztümern wieder vertraut macht. Dann erkennt man z.B.: Aha, dies ist also die Art von Musik, die ich gehört habe, und dies sind die Gerichte und die Lebensmittel, die ich gern gegessen habe. Die Idee dahinter ist, dass du dich langsam, Stück für Stück erinnerst. Darum machen wir Sadhana, regelmäßige religiöse Übungen. Die Art und Weise, sich an die Anwesenheit Gottes zu erinnern, ist, die Anwesenheit Gottes im Rahmen der Sadhana zu praktizieren. Meditation ist da zum Beispiel extrem wichtig und ganz besonders Mantra-Meditation. Meditation über die heiligen Namen Gottes.

Und Sadhana beinhaltet auch, die heiligen Schriften zu studieren. Und sie wirklich Stück für Stück als eine spirituelle Übung zu studieren. Ich meine damit nicht, sie in einer akademischen Art und Weise zu lesen. Was ich meine ist: Lass die Schriften zu dir sprechen! Wir können ein Buch sehr schnell lesen, indem wir einfach nur die Wörter auf dem Blatt Papier sehen. Wenn wir die Bhagavad Gita oder andere Schriften auf diese Weise lesen, werden sie nicht zu uns sprechen. Wenn wir aber unser Herz öffnen und uns mit der heiligen Schrift Zeit nehmen, dann wird sie zu dir sprechen. Und ich meine damit, sie spricht mit vernehmbarer Stimme. Du wirst hören, wie die Worte von Krishna in dein Herz strömen, wenn du die Bhagavad Gita liest.

Und letztlich ist da für diejenigen, die ganz ernsthaft veranlagt sind, das Studium mit dem spirituellen Lehrer (Guru). Das ist wichtig! Sehr wichtig! Dies ist eines der Elemente, die das Herz des Hinduismus bilden. Das Herz von Sanatana Dharma. Und weil das so ist, gibt es innerhalb des Sanatana Dharma auch keine Sekte, keine Tradition und keine Überlieferung, die dies nicht ausdrücklich betont. Die Wichtigkeit des Gurus. Dass immer ein Guru vorhanden sein muss. Wir brauchen diesen Führer, damit wir wissen, dass wir uns auf dem richtigen Weg befinden. Wir brauchen diesen Führer. Das ist sehr wichtig.

Wenn all diese Elemente vorhanden sind, geschieht etwas sehr Erstaunliches: Wir erreichen etwas, das Moksha genannt wird. Befreiung! Wir haben das sicher alle schon einmal gehört, egal ob es Moksha oder Mukti genannt wird. Die Übersetzung der Sanskrit-Begriffe lautet Befreiung oder auch Erleuchtung! Es gibt viele Bezeichnungen dafür, aber was bedeutet es tatsächlich? Es bedeutet Freiheit! Die Freiheit, zu wissen, wer wir wirklich sind, und so handeln zu können, wie wir wirklich sind. Wenn wir über Befreiung oder Moksha sprechen, dann sprechen wir über die vollkommene Freiheit des Selbst, der Seele. Was ist die schrecklichste Sache für uns? Das Schrecklichste ist es, nicht frei zu sein! Das gilt für jedes lebende Wesen. Nimm einen kleinen Vogel und setze ihn in einen Käfig. Oder nimm eine Katze und tue sie in eine kleine Schachtel. Nimm einen Menschen und sperre ihn in einer Gefängniszelle ein. All das ist Folter, denn es entspricht nicht dem, wie wir ursprünglich sind. Wir sind geboren, um frei zu sein. Wir sind als freie Wesen gedacht. Und die Grundlage von wirklicher Freiheit ist spirituell. Und wenn wir die Befreiung, Moksha, erfahren, dann erleben wir genau das. Das Wort selbst sagt es, es ist Befreiung, also Freiheit. Wir beginnen das Leben auf eine Weise zu erfahren, wie wir es nie zuvor erlebt haben. Es gibt so viele Beispiele dafür. Sogar der griechische Philosoph Platon hat ein wunderbares Beispiel dafür in seinem Buch „Die Republik" gegeben. Er sprach dort vom Höhlengleichnis.

Kurz gefasst sagt das Gleichnis Folgendes: Stellt euch vor, dass Menschen ab dem Zeitpunkt ihrer Geburt als Gefangene in einer Höhle gehalten werden. Und alles, was sie sehen können, ist die Wand, die sich vor ihnen befindet. Im Übrigen befinden sie sich in totaler Dunkelheit. Sie können nicht einmal sich selbst sehen und auch niemanden anderen in der Höhle. Und nun stellt euch vor, dass einer dieser Menschen freigelassen wird und langsam Stück für Stück nach oben ans Licht gebracht wird. Zuerst wird er sicher Angst haben, denn bevor dies mit ihm passierte, hat er ja gar nicht geglaubt, dass es außer der Höhle, in der er sich befindet, noch irgendetwas anderes gibt. Du hättest ihm ruhig sagen können, dass außerhalb der Höhle eine ganze Welt existiert. Das hätte er dir gar nicht geglaubt. Aber jetzt bringt man ihn nach oben. Und natürlich bekommt er Angst. Und er sieht plötzlich bizarre Dinge und fragt sich: Was ist das? Es ist Licht! Aber er hat niemals zuvor Licht gesehen. Und schließlich bringt man ihn ganz aus der Höhle heraus und er erkennt, dass es dort eine ganze Welt gibt, von der er nichts gewusst hat und die er nun erkunden kann. Das ist der Prozess! Das ist Befreiung! Es ist das Hinaustreten aus der Höhle und das Erblicken der Sonne. Und diese Sonne ist Bhagavan, die Sonne ist Gott! Das ist das Ziel für alle von uns.

Ich will zum Schluss kommen, mit folgendem Hinweis: Wenn ihr heute Abend irgendetwas mit nach Hause nehmt, dann bitte dies: Du kannst die Befreiung in diesem Leben erlangen! Die Befreiung ist für dich erreichbar und du kannst die erreichen. Die Idee, dass die Befreiung Millionen von Leben erfordert, gilt nur dann, wenn du die Befreiung nicht suchst. Wenn du aber nach Befreiung strebst, kannst du sie in diesem Leben erreichen. Wenn du es wirklich willst. So ist die Barmherzigkeit Gottes. Er gibt uns, was wir wirklich wollen. Aber du brauchst entschlossene Zielstrebigkeit. Selbst in der materiellen Welt können wir ohne aufrichtiges Verlangen und Zielstrebigkeit nichts erreichen. Du kannst weder Doktor noch Professor oder Millionär werden. Ohne Zielstrebigkeit wirst du das nicht erreichen. Wenn man einfach so sagt: Na ja, wir werden mal sehen, was passiert, dann wird es nicht passieren. Bei dieser Haltung wird es nicht geschehen. Aber wenn du die Entschlossenheit, die Zielstrebigkeit, die Leidenschaft, die konsequente Ausrichtung hast und sagst: Nichts wird mich aufhalten! Ich werde die Wahrheit erkennen! Und ich werde mein Leben so leben, wie es ursprünglich gemeint war: in Vollkommenheit, in absoluter Vortrefflichkeit. Und ich erreiche so die Glückseligkeit, die mir eigentlich jetzt schon zu eigen ist. Die Glückseligkeit in der Hingabe und Liebe zu Gott, zu der ich bestimmt bin. Wenn du den notwendigen Eifer hast, wirst du das erreichen. Ich garantiere dir, du wirst es erreichen!

Wer ist Brahman?

Meine Rede heute wird nur kurz sein, es geht aber dennoch um ein sehr tiefgehendes Thema. Wir werden untersuchen:

Wie ist das Wesen Gottes? Wie ist das Wesen des Absoluten?

In der vedischen Spiritualität, im Vedanta, wird das Absolute mit einem ganz speziellen Namen bezeichnet und dieser Name lautet: Brahman! Dies ist deshalb so bedeutsam, weil es im Sanskrit buchstäblich tausende von Namen für Gott gibt. Obwohl ich Sanskrit lange Zeit studiert habe, fasziniert es mich immer wieder, was dabei herauskommt, wenn man Sanskrit mit anderen Sprachen vergleicht. Zum Beispiel: Im Englischen gibt es ein Wort für Liebe, nämlich: Liebe! Du kannst sagen: Ich liebe meine Frau. Ich liebe meine Katze. Ich liebe mein Auto. Ich liebe Eiskrem. Ich liebe dies. Ich liebe das. usw. Und, ganz unabhängig davon, dass die Qualität der Liebe bei den unterschiedlichen Dingen, die du liebst, unterschiedlich ist, benutzt du stets das gleiche Wort: Liebe. Obwohl es selbstverständlich unterschiedliche Qualitäten von Liebe sind! Ob du sagst: Ich liebe meine Katze. Oder: Ich liebe Gott. Stets benutzt du das gleiche Wort. Obwohl das, was du tatsächlich beschreibst, ein Gefühl oder eine Stimmung ist, die sich von den unteren Ebenen der Intensität bis ganz hinauf zu den höchsten Stufen des Bewusstseins bewegt, bis zum Stadium des Bhava, dem Punkt, wo uns die Worte fehlen, um unsere Hingabe an das Göttliche zu beschreiben. Wir sprechen über Hingabe, die so vollkommen unfassbar ist, dass sie nicht beschrieben werden kann. Und trotzdem benutzt man im Englischen das gleiche Wort: Liebe. So, als würde man sagen: Ich liebe mein neues Auto.

Im Sanskrit ist das vollkommen anders! Im Sanskrit gibt es für die Dinge, die als die wirklich wichtigen Dinge erkannt worden sind, hunderte oder sogar tausende von Wörtern. Für den Begriff: Liebe, zum Beispiel, gibt es im Sanskrit hunderte von Wörtern! Und für den Begriff: Bewusstsein, gibt sogar noch mehr! Es handelt sich nämlich um wirklich wichtige Dinge! Wenn es zu dem kommt, was höchste Bedeutung hat: das Absolute, Gott, dann gibt es dafür buchstäblich tausende und abertausende Namen im Sanskrit. Und jeder dieser Namen, jedes dieser Wörter, ist einzigartig! Das macht es ganz besonders interessant! Und in einigen Fällen sind die Unterschiede zwischen einem Namen und einem anderen Namen so geringfügig, dass sie kaum erkennbar sind, bis man vollkommen verstanden hat, warum sich der eine Name geringfügig vom anderen Namen unterscheidet. Und wenn man das endlich erkennt, sieht man, dass der Unterschied tatsächlich unendlich groß ist, ganz im Gegensatz zu dem ersten Eindruck! Dies ist die Unermesslichkeit einer Sprache, die versucht etwas zu beschreiben, das über die eigene sprachliche Komplexität unendlich weit hinausgeht. Und Sanskrit ist bereits die komplexeste Sprache der Welt.

Wenn wir über das Absolute sprechen, stellt sich die Frage: Gibt es überhaupt eine Sprache, die das Absolute beschreiben kann? Die Antwort lautet: Nein! Sprache ist nur ein Hinweis, das ist alles. Es gibt dieses alte Sprichwort, in dem jemand auf den Mond zeigt und dann nur auf seinen eigenen Finger schaut, statt die Schönheit des Mondes zu bewundern. So funktioniert Sprache. Der tatsächliche Inhalt, über den gesprochen wird, der Mond, das ist das Bedeutungsvolle!

Es ist interessant, dass in den philosophisch wichtigsten und tiefsten Teilen der vedischen Literatur, das sind die Upanischaden, Gott mit dem Begriff: Brahman, bezeichnet wird! Im

Sanskrit, wie in vielen anderen Sprachen, gibt es männliche und weibliche Artikel, dies ist auch im Spanischen, im Italienischen und in vielen anderen Sprachen der Fall. Interessanterweise gibt es im Sanskrit aber außerdem etwas, was es in vielen anderen Sprachen nicht gibt: das Neutrum. Es gibt männliche und weibliche und neutrale Artikel. Brahman ist neutral! Das Absolute wird weder als männlich noch als weiblich beschrieben. Dies gilt, egal in welchem Zusammenhang, sowohl bezüglich des sozialen Geschlechts als auch in biologischer Hinsichtlich oder auf metaphysischer und rein sprachlicher Ebene! Gott wird stets als das Absolute, als die Quelle aller Dinge, beschrieben. Gott wird beschrieben, als Etwas, ohne das nur das Nichts existieren würde. Wenn wir uns den Unterschied ansehen, zwischen Sein, also Existenz, und Nicht-Sein, also dem Nichts, das sich nicht einmal seiner Nicht-Existenz bewusst ist, also nichts als ein tiefes, schwarzes Nichts, wenn wir also diesen Unterschied zwischen Sein und Nicht-Sein betrachten, dann ist dieser Unterschied das, was philosophisch als Gott in Form von Brahman bezeichnet wird. Alles, was existiert, egal was es ist oder was es tut, verdankt sein Sein, also seine Existenz, im Gegensatz zum Nicht-Sein bzw. zur Nicht-Existenz, genannt Abhava, der Tatsache, dass Brahman existiert.

Das bedeutet, man kann durchaus sagen: Alles, was existiert, ist Brahman!, denn ohne Brahman würde nichts existieren. Ohne Gott würde nichts existieren! Das macht Gott so einzigartig, dass er tatsächlich unser aller Ursprung ist. Janmad yasya yatah, heißt es in den Brahma-Sutras, dem wichtigsten Werk der Vedanta-Philosophie. Und hier gibt es folgende Definition: Was ist Gott? Gott ist das, von dem alle Dinge ausgehen! Oder: Was ist das Absolute? Das, von dem alle Dinge ausgehen! Eine perfekte Definition!

Vor diesem Hintergrund, oder nach dieser Einleitung, kommen wir zu dem, worum es heute eigentlich gehen soll. Mit diesem jetzt gewonnenen Verständnis von Brahman, von Gott, vom Absoluten, wenden wir uns einem Vers aus dem Srimat Bhagavatam zu, den ich für einen besonders wichtigen Vers halte. Denn es ist einer der philosophischsten Verse, der präzise beschreibt, wie das Wesen von Brahman bzw. das Wesen Gottes ist. Trotzdem ist dieser Vers nur wenigen Menschen bekannt. Das gilt sogar für die Personen, die das Srimat Bhagavatam besonders aufmerksam gelesen haben. Ich möchte also diesen Vers ein wenig kommentieren, nachdem ich ihn vorgelesen habe. Sie werden dann auch verstehen, warum von Brahman als dem Absoluten die Rede ist. Denn das ist diesem Vers entnommen.

Das, was als das absolute Brahman erkannt wird, ist von unbegrenzter Glückseligkeit erfüllt, frei von Leid. Dies ist ohne Zweifel der letztendliche Aspekt des höchsten Genießers, Bhagavan, der Persönlichkeit Gottes. Er ist ewig frei von allen Störungen und ohne alle Furcht. Er ist umfassendes Bewusstsein und damit das Gegenteil von Materie. Durch nichts verunreinigt und ohne jede Unterscheidung, ist Er die grundsätzliche erste Ursache aller Ursachen und deren Wirkungen. In ihm gibt es keine Grundlage für fruchtbringende Aktivitäten (Karma) und in ihm hat die illusionäre Energie (Maya) keinen Bestand.
(Srimat Bhagavatam, 2. Canto, 7. Kapitel, Vers 47)

Diejenigen, die die Lehren des Vedanta besonders gut verstehen und die die Lehren des Vedanta viele Jahre studiert haben und ganz besonders diejenigen, die die Werke von Shankaracharya, Ramanuja und Madhva, den größten Philosophen des Vedanta, studiert haben, erkennen diesen Vers im Srimat Bhagavatam als die perfekte Beschreibung des Vedanta und des Absoluten, Brahman, an. Der Grund, warum ich euch das erzähle, ist, weil ich euch auffordern möchte, euch diesen Vers selbst anzusehen. Lest ihn erneut, meditiert darüber, denkt darüber nach und erkennt, wie tiefgründig dieser Vers tatsächlich ist. Hier wird wirklich erklärt, wie das Wesen Gottes beschaffen ist!

Es ist interessant, wie in der westlichen Welt heutzutage Verwirrung herrscht, immer wenn es zu wichtigen Fragen kommt, zum Beispiel: Wer bin ich? Wer ist Gott? Auf welche Weise kann ich Gott erkennen? Was soll ich tun, oder wie soll mein Verhalten aussehen, um das zu erfüllen, weswegen ich eigentlich in diese Welt geboren wurde? Auf alle diese wichtigen Fragen gibt es in der verworrenen weltlichen Welt leider keine klaren Antworten. Interessanterweise ist in der Lehre des Vedanta, in Bezug auf diese Fragen, überhaupt nichts verworren! Das erschreckt die Menschen manchmal! Dass wir diese Klarheit – in aller Bescheidenheit – tatsächlich für uns in Anspruch nehmen.

Wenn es also zu so einfachen Fragen kommt, wie: Wer ist Gott?, dann wissen wir zugleich, dass es in der Geschichte der westlichen Welt deswegen viele religiöse Auseinandersetzungen gab. Viele Kämpfe, ja buchstäblich religiöse Kriege wurden wegen dieser Frage geführt und Streitigkeiten und Debatten wurden ausgefochten. Und vor diesem Hintergrund denken viele Menschen: Weil es so viele unterschiedliche Meinungen und Standpunkte bezüglich der Natur Gottes oder des Absoluten gibt, gibt es offenbar keine schlüssige und allgemein akzeptable Antwort! Und darum werden diese Menschen dann Atheisten! Wenn auf die Frage: Wer ist Gott?, geantwortet wird: Nun, es gibt da so viele unterschiedliche Menschen mit so vielen unterschiedlichen Meinungen! Allein hieraus wird dann geschlossen, dass es so etwas wie Gott oder das Absolute offensichtlich nicht gibt. Trotzdem ist das natürlich keine logische oder vernünftige Schlussfolgerung. Ich habe an anderer Stelle bereits mehrfach darüber gesprochen. Eine Person sagt: Eins plus eins ist gleich fünf! Eine andere Person sagt: Eins plus eins ist gleich zweiundsiebzig! Und eine dritte Person meint das Ergebnis aus eins plus eins sei ein Elefant! Das ist die Vielfalt von Meinungen. Aber heißt das, es gibt keine korrekte Antwort? Natürlich nicht! Es gibt eine richtige Antwort! Eine axiomatische Antwort, die nicht widerlegt werden kann! Es gibt eine Antwort! Nur weil es eine Vielzahl von falschen Antworten gibt, heißt das nicht, dass es nicht auch eine korrekte Antwort gibt. Vor diesem Hintergrund lasst uns den Vers aus dem Srimat Bhagavatam im Einzelnen ansehen.

Das, was als das absolute Brahman erkannt wird, ist von unbegrenzter Glückseligkeit erfüllt, frei von Leid.

So lautet der erste Satz in der Beschreibung vom dem, was die Quelle allen Seins ist! Wie interessant, dass die Beschreibung genau mit dieser Aussage beginnt! In der westlichen Welt wird Gott im Allgemeinen als Handelnder gesehen. Gott als Konstrukteur. Gott als Ingenieur. Was ist Gott in der westlichen Welt? Welches ist die höchste Eigenschaft des Göttlichen? Gott ist Schöpfer! Gott ist die Person, die den Verstand, die Intelligenz und die Fähigkeit hat, etwas zu erschaffen. Ich könnte viele unterschiedliche Beispiele aus unterschiedlichen religiösen Traditionen nennen, in denen als Antwort auf die Frage nach dem Wesen Gottes jeweils ein anderer Aspekt genannt wird. Aber in Wahrheit sind das alles niedrigere Aspekte des Göttlichen. Wenn wir an das denken, was die Quelle von Allem ist, denken wir dann, dass die letzte Essenz dieses Wesens nur darin besteht, etwas erschaffen zu können? Dass

Gott also lediglich Dinge erschaffen kann? Oder denken wir in Wahrheit nicht an etwas Tieferes?

Nach der Lehre des Vedanta ist die Essenz Gottes Glückseligkeit! Gott kann nicht nur sehr gut einen Planeten konstruieren. Gott kann nicht nur handeln. Vor all dem Handeln kommt das Sein: Gott IST! Und was ist er? Alles anziehend! Er ist das Zentrum von allem, was ist! Und seine tiefste Essenz ist das, nach dem alle existierenden Wesen verlangen: Glückseligkeit!

Das ist eine einmalige Definition! Denkt darüber nach. Nach was verlangen alle Wesen? Nach einem guten Baumeister, den sie über das Wochenende für sich arbeiten lassen können? Wonach streben alle Wesen? Alle Menschen, alle Tiere, alle Pflanzen? Sie streben nach Glückseligkeit! Das kann man selbst bei einer Pflanze bei sich zuhause beobachten. Man sieht, dass sich die Pflanze nach einiger Zeit zur Sonne hin neigt und ihren Wuchs entsprechend ausrichtet, denn das Licht bedeutet für sie Glückseligkeit! Wenn man Ameisen beobachtet, die eifrig herumlaufen und etwas zu suchen scheinen. Was suchen sie? Sie suchen nach ihrer Glückseligkeit! In Form kleiner essbarer Krümel. Und so weiter und so fort. Und die Menschen? Man sieht das hier in Austin, Texas, mehr als sonst wo in Amerika, vielleicht mit Ausnahme von New York, wo ich herkomme, wie die Menschen verzweifelt nach ihrer Glückseligkeit suchen! Leider tun sie das allerdings sehr oft auf falschen Wegen. Sie meinen, ihre Glückseligkeit hängt von einer tollen Karriere, einer besseren Arbeit, mehr Geld, einem größeren Auto oder einem besseren Partner sowie diesem oder jenem materiellen Ding ab, das jedoch, wenn es schließlich erreicht ist, doch nicht zur Zufriedenheit führt. Aber sie suchen weiter nach Glückseligkeit! Und wie lautet die allererste Definition Gottes, des Absoluten, die hier in diesem Vers genannt wird?

Das, was als das Absolute Brahman erkannt wird, ist von unbegrenzter Glückseligkeit erfüllt, frei von Leid.

Im Sanskrit gibt es eine Bezeichnung für den Zustand ohne Angst und Leid, diese Bezeichnung lautet: Vaikuntha. Und Vaikuntha ist zugleich der Name für den spirituellen Ort, an dem Gott sich aufhält. Buchstäblich der Sitz, oder der Thron Gottes, heißt Vaikuntha. Das heißt: Das, was wir vermeiden wollen: Leid, und das, nach dem wir seit unserer Geburt suchen und nach dem jedes Wesen sucht: Glückseligkeit!, genau das ist das Wesen des Absoluten! Das bedeutet: Alles, wonach wir verlangen, alles, wonach wir suchen, nicht nur bewusst, sondern auch im Tiefen und unbewusst, ist dort, bei Gott, in dem Absoluten, für uns vorhanden! Stellt Euch das vor! Das hört sich fast wie ein Wunder an. Stellt Euch vor, es kommt jemand zu Euch und sagt: Übrigens, hier habe ich eine kleine Schachtel, wenn du sie öffnest, wird alles, was du aus tiefstem Herzen jemals gewünscht hast, in Erfüllung gehen. Und außerdem wird alles Leid, alle Furcht, alle Angst, alle Trauer, die du jemals erlebt hast, mit dem Öffnen der Schachtel so endgültig vergessen sein, als ob all das niemals existiert hat. Stellt euch vor: Genau das ist tatsächlich die Definition von Gott! Genau darum haben alle Wesen seit Ewigkeiten genau dieses Absolute gesucht! Yogis, Weise, Heilige und alle echten Philosophen haben dieses Absolute gesucht. Warum? Weil sie genau das gesucht haben, für das das Absolute steht: Im Sanskrit sprechen wir von: Anandam, das bedeutet: unendliche Glückseligkeit!

Und der zweite Satz im Vers aus dem Srimat Bhagavatam lautet:

Dies ist ohne Zweifel der letztendliche Aspekt des höchsten Genießers, Bhagavan, der Persönlichkeit Gottes.

Noch einmal: Für diejenigen, die das Wesen und die Geschichte von Vedanta verstehen und die die unterschiedlichen philosophischen Lehren des Vedanta kennen, wird jetzt vollkommen klar, das Absolute ist nicht nur Glückseligkeit und das Gegenteil von Furcht oder Leid, das Absolute ist außerdem personal, es ist tatsächlich eine Person. Woher wissen wir das so genau? Nun, im zweiten Satz des Verses wird ein ganz spezieller Ausdruck verwendet, um das Absolute zu beschreiben. Wir haben jetzt die Ebene des Brahman, den unpersönlichen Aspekt des Absoluten, verlassen, jetzt reden wir Gott mit einem anderen Namen an: Bhagavan! Bhagavan ist die Bezeichnung für den personalen Aspekt Gottes, für Gott als Person! Und darüber hinaus wird in dem Satz gesagt, dass Gott in einem speziellen Zustand bzw. an einem speziellen spirituellen Ort verweilt. Der Zustand oder der Ort, an dem Bhagavan seinen Sitz hat, wird im Satz zuvor genannt. Er heißt Vaikuntha: ohne Angst und Leid.

Während also im ersten Satz des Verses definiert wurde: wie Gott ist bzw. wie das Absolute ist, wird im zweiten Satz beschrieben: wer Gott ist! Oder: wer das Absolute ist!

Sehen wir uns den dritten Satz an:

Er ist ewig frei von allen Störungen und ohne alle Furcht.

Jetzt haben wir ein weiteres Element. Zusätzlich zu Gottes elementarem Sein kommt jetzt etwas hinzu, das wir in der materiellen Welt als Zeit erkennen würden, in der spirituellen Welt befinden wir uns jedoch jenseits der Zeit, in der Ewigkeit. Wenn wir jetzt noch einmal zu unserem Beispiel mit der kleinen Schachtel zurückkehren. Wenn du die Schachtel öffnest, wirst du höchste Glückseligkeit erfahren und alles Leid, alle Furcht, alle Angst, alle Trauer wird enden! Das allein wäre ja schon ziemlich erstaunlich, aber tatsächlich fehlt dort noch etwas, nämlich: Wie lange wirst du glückselig und ohne Furcht sein! Stell dir vor, du öffnest die kleine Schachtel und tauchst tatsächlich augenblicklich in einen Zustand absoluter Glückseligkeit ein und jeder Rest von Furcht ist ausgelöscht – und dann plötzlich verschwindet die Glückseligkeit wieder und die Furcht kommt zurück! Das wäre tragisch, aber genau das wird nicht passieren! Dieser dritte Satz macht es vollkommen klar: Glückseligkeit und Freiheit von Furcht gelten ewig! Ewigkeit ist das Wesen des Absoluten.

Der nächste Satz in unserem Vers aus dem Srimat Bhagavatam lautet:

Er ist umfassendes Bewusstsein und damit das Gegenteil von Materie.

Dieser Satz für sich genommen ist bereits ein eigenständiges Sutra, ein philosophischer Lehrsatz, wenn man ihn isoliert betrachten würde. Hier geht es um den Unterschied zwischen Bewusstsein und Materie. Oder anders gesagt, es geht um das, was die Eigenschaften des Bewusstseins besitzt, im Gegensatz zu dem, was die Eigenschaften der Materie aufweist. Lasst uns mit der Materie anfangen.

Was sind die Eigenschaften der Materie? Nun, es bedeutet, dass jedes materielle Objekt, das du analysieren kannst, und ich meine hier tatsächlich JEDES materielle Objekt, nicht perfekt ist, sondern Mängel aufweist. Man kann das fortgeschrittenste Labor aufsuchen, das überhaupt verfügbar ist, und dort könnte z.B. ein kleiner Metallwürfel hergestellt werden, mit absoluter Laser-Präzision. Wenn du ihn dir mit dem bloßen Auge ansiehst, wirst du den Eindruck haben, dass dieses Objekt in jeder Beziehung absolut perfekt ist. Es ist so präzise, dass man jede der Kanten zum Glasschneiden verwenden könnte. Und doch, wenn du es präzise unter einem Mikroskop analysierst und dabei immer stärkere Vergrößerungen wählst, wirst du irgendwann Unregelmäßigkeiten bei dem bisher so perfekt wirkenden Objekt erkennen. Es spielt keine Rolle, wie perfekt irgendetwas in dieser Welt erscheint, wenn du es lange genug untersuchst, wirst du seine Fehler finden! Garantiert! Das heißt zum einen: Alles Materielle ist nicht perfekt, es hat Fehler, hier oder dort, auf die eine oder die andere Weise. Und das heißt zum anderen: Alles Materielle befindet sich per Definition von Anfang an im Prozess des Zerfalls. Wenn ich diesen Spazierstock hier betrachte: Er wirkt stabil und solide, in Wahrheit befindet er sich jedoch bereits jetzt, während wir hier sitzen, im Prozess der Auflösung. Wird er in 100.000 Jahren noch vorhanden sein? Nein, er wird lange aufgehört haben zu existieren, wahrscheinlich schon mehr als 99.000 Jahre zuvor. Er löst sich auf. Auch der gesamte Raum, in dem wir uns befinden, löst sich auf. Alles Materielle befindet sich stets im Prozess der Auflösung, denn das ist sein Wesen, es entspricht seiner Natur. Darum ist alles Materielle notwendigerweise immer zeitlich begrenzt. Und dies ist der nächste wichtige Punkt: Alles Materielle ist zeitlich begrenzt! Man kann es zeitweise ergreifen, man kann es zeitweise besitzen, jedoch, ganz egal was passiert, irgendwann wird es verschwunden sein! Was ist dein wertvollster materieller Besitz? Egal was es ist, im Laufe der Zeit wird er verschwinden! Garantiert! Und wenn er nur deswegen verschwindet, weil du ihn nicht überleben wirst. Nehmen wir an, du hast dir ein wundervolles Haus gebaut, ein richtig schönes Anwesen. Mag sein, dass es so hervorragend konstruiert und gebaut ist, dass es sogar in 500 Jahren noch existiert. Aber du wirst nicht mehr hier sein. Also, auch das ist nur zeitlich begrenzt. Das sind einige der Eigenschaften der Materie, ich könnte natürlich weitere benennen.

Was ist die Eigenschaft oder das Wesen Gottes? Oder um es noch deutlicher zu machen: Woraus ist Gott gemacht? Aus was besteht Gott? Die Antwort lautet: Aus Bewusstsein! Und, in aller Kürze, was sind die zentralen Eigenschaften des Bewusstseins? Die Eigenschaften des Bewusstseins sind das genaue Gegenteil von dem, was wir gerade über die Materie gesagt haben. Bewusstsein ist absolut vollkommen, absolut perfekt! Wenn man Bewusstsein wie ein materielles Ding untersuchen könnte, würde man stets zu dem Ergebnis kommen: Es ist perfekt! Mit dem bloßen Auge erscheint es perfekt, unter dem Mikroskop sieht es perfekt aus und auch bei unendlicher Vergrößerung ist es immer noch absolut perfekt! Perfektion bedeutet hier tatsächlich Perfektion, nicht irgendeine relative Perfektion, sondern absolute Perfektion! Und Perfektion in diesem absoluten Sinne bedeutet außerdem, Bewusstsein unterliegt keinerlei Verfallsprozess! Bewusstsein ist auf ewig unverändert perfekt! Bewusstsein hat kein Verfallsdatum, es löst sich nicht auf, es hört nicht auf zu sein! Bewusstsein existiert außerhalb der Zeit in ewiger absoluter Vollständigkeit! Vor diesem Hintergrund erneut die Frage: Wie ist die Natur Gottes? Und die Antwort lautet: Gott ist Bewusstsein in ewiger absolut perfekter Vollständigkeit!

Wie lautet der nächste Satz in unserem Vers:

Durch nichts verunreinigt und ohne jede Unterscheidung, ist Er die grundsätzliche erste Ursache aller Ursachen und deren Wirkungen.

Nicht verunreinigt! Was bedeutet das? Was ist Verunreinigung? Verunreinigung bedeutet, dass etwas zu etwas anderem hinzugefügt wurde, was dort nicht sein sollte und das diesem Anderen, ursprünglich Reinem, Schaden zufügt. Im Absoluten gibt es nichts Derartiges! Mit anderen Worten: Es gibt nichts, durch das das Absolute bedroht sein könnte. Das Absolute ist einfach das Absolute!

Weiter heißt es: Ohne jede Unterscheidung! Das bedeutet, das Absolute ist ein einheitliches Wesen. Es gibt keine Differenzierung im Absoluten. Das heißt: Gott ist Eins. Gott setzt sich nicht zusammen aus mehreren Elementen. Gott besteht nicht aus Teilen. Alles, was aus Teilen zusammengesetzt wurde, unterliegt notwendigerweise dem Zerfall, weil es von seinen Teilen und deren Zusammenhalt abhängig ist. Gott besteht nicht aus Teilen. Gott ist von nichts abhängig. Gott ist absolut unabhängig!

Weiter im Vers: Er ist die grundsätzliche erste Ursache aller Ursachen und deren Wirkungen! Hier, ebenso wie in den Brahma Sutras, wird gesagt: Gott ist die Quelle aller Dinge. Eine andere philosophische Definition von Gott lautet im Sanskrit: Karana-Karanam. Das heißt: Gott ist das, was die Ursache alles Ursachen ist und das selbst keine Ursache hat.

Im Srimat Bhagavatam Vers lautet der letzte Satz:

In ihm gibt es keine Grundlage für fruchtbringende Aktivitäten (Karma) und in ihm hat die illusionäre Energie (Maya) keinen Bestand.

Das heißt mit anderen Worten: Gott tut nichts aus Eigennutz! Gott ist nicht selbstsüchtig! Es gibt für Gott keinen Egoismus! Das mag auf der einen Seite zwar selbstverständlich erscheinen, aber der Text sagt es im ersten Teil des Satzes dennoch ganz ausdrücklich, um deutlich zu machen, was es bedeutet, selbstlos zu handeln, im Gegensatz zum selbstbezogenen Handeln.

Kommen wir zum zweiten Teil des letzten Satzes, der gefällt mir ganz besonders. Dort heißt es: In ihm hat die illusionäre Energie (Maya) keinen Bestand. Was bedeutet das? Nun, ich habe vor kurzem einen Vortrag gehalten, mit dem Titel: Non-Dualität und Personalität. Und ich habe dort u.a. erläutert, warum es für Gott unmöglich ist, irgendwelchen Illusionen zu erliegen. Gott kann sich nicht täuschen und er kann sich auch nicht irren! Vor diesem Hintergrund wird deutlich, wie falsch die Ideen des Advaita-Vedanta und des sog. Non-Dualismus sind. Dort heißt es: Wir alle sind Gott! Ich bin Gott, du bist Gott, wir haben nur vergessen, dass wir Gott sind, und wir befinden uns nur im Zustand der Illusion. Und darum bedeutet spiritueller Fortschritt gem. Advaita-Vedanta oder Non-Dualismus, sich daran zu erinnern, dass wir bereits vollkommen perfekt sind, dass wir allmächtig, allgegenwärtig und allumfassend sind. Jeder einzelne von uns ist Gott! Und wir alle zusammen sind Gott!

Meine Antwort darauf lautet: Nein, du bist und ihr seid NICHT Gott! Warum nicht? Weil ihr behauptet, euch in einer Illusion zu befinden. Gott jedoch kann sich nicht täuschen und Gott kann sich nicht irren. Gott kann sich nicht in einer Illusion befinden! Wenn sich Gott in einer Illusion befinden würde, dann gäbe es etwas, die Illusion nämlich, die stärker ist als Gott. Wenn mir metallene Handschellen um die Handgelenke gelegt wären, warum wären meine Hände dann gefesselt? Weil die Handschellen stärker sind als ich! Ich kann sie nicht zerbrechen. Ich bin nicht stark genug. Wenn wir also sagen: Ich bin Gott, ich bin nur jetzt gerade in einer Illusion gefangen, dann sagen wir, dass Gott wie diese Person mit den Handschellen ist, die sie fesseln. Es gibt dann also etwas, das ist stärker als Gott, denn er kann die Handschellen nicht zerbrechen. Und in diesem Moment sprechen wir definitionsgemäß nicht mehr über Gott! Wir sprechen nicht mehr vom Absoluten, dem all umfassenden Sein. Es ist also ein Widerspruch in sich, wenn das Absolute jemals durch irgendetwas begrenzt wäre oder getäuscht würde. Die Aussagen des Advaita-Vedanta und des Non-Dualismus lauten: Ich bin Gott, ich bin nur gerade in einer Illusion verfangen. Ich habe nur vergessen, dass ich Gott bin. Mein Ziel ist es daher, mich daran zu erinnern, dass ich Gott bin. Mit diesen Aussagen sagt man, per Definition: Das Absolute ist nicht das Absolute! Man sagt, es gibt etwas Mächtigeres als das Absolute. Dies jedoch ist per Definition unmöglich, denn dann spricht man eben nicht mehr vom Absoluten! Wenn man an einem Wettbewerb teilnimmt und Fünfter wird, jedoch sagt: Ich habe den Wettbewerb gewonnen, ich wurde Fünfter und bin damit der Beste!, dann ist das ein Widerspruch in sich. Der Fünfte ist eben nicht der Erste oder der Beste, sondern nur der Fünfte! In gleicher Weise verhält es sich, wenn du sagst, dass das Absolute, durch irgendetwas Geringeres als das Absolute, kontrolliert werden kann, und sei es auch nur zeitweise. Denn wenn das so wäre, so wäre das andere, das Geringere, das das Absolute kontrolliert, in Wahrheit selbst das Absolute. Das würde also bedeuten: Das Geringe, also die Illusion, ist in Wahrheit das Absolute! Denn die Illusion ist ja stärker als das Absolute, stärker als Gott. Das ist natürlich Unsinn! Und genau darum funktioniert die Philosophie des Advaita-Vedanta nicht! Und ebenso ist das Motto vieler New-Age-Lehrer und Aktivisten falsch, wenn sie sagen: Oh ja, wir sind alle Gott. Wir haben das nur mal kurz vergessen. All das fällt in sich zusammen wie ein Kartenhaus. So als ob es niemals existiert hat. Und das hat es ja auch tatsächlich nicht, weil die Grundannahme vollkommen falsch ist.

Dieser Vers im Srimat Bhagavatam macht vollkommen klar: Das absolute, höchste Wesen ist Brahman und für Brahman kann es keine Illusion geben! Mit anderen Worten: In Bezug auf Brahman oder auch für Brahman existiert Illusion nicht! Es ist nicht nur so, dass Brahman nicht der Illusion erliegen kann, vielmehr gibt es keine Illusion im Angesicht von Brahman. Illusion existiert für ihn schlicht und einfach nicht. Sie hat keine Existenz. Das sollte man wissen!

Non-Dualität und Personalität

Wir wollen heute über Non-Dualität und Personalität sprechen und insbesondere über die Frage:

Wie ist das Göttliche beschaffen, was ist die Natur Gottes?

Es ist interessant, dass für viele Menschen in der modernen westlichen Welt die Frage, ob Gott überhaupt existiert, die entscheidende Frage ist. Für spirituelle Menschen, wie wir es sind, ist dies jedoch keine seriöse Frage. Wir verstehen nämlich, dass mittels intellektueller Erörterungen die Existenz Gottes nicht bewiesen werden kann. Denn bei Gott handelt es sich um ein Wesen jenseits des Intellekts, ja es handelt sich tatsächlich um die Quelle des Intellekts. Ein intellektueller Beweis ist somit unmöglich. Wir können nicht die Existenz des Übergeordneten mit den Mitteln des Untergeordneten beweisen. Das ist ein Ding der Unmöglichkeit. Wir verfügen schlicht nicht über die Mittel und Möglichkeiten, Gottes Existenz intellektuell beweisen zu können. Die Forderung, Gottes Existenz intellektuell zu beweisen, beinhaltet also bereits die Unmöglichkeit in sich. Die einzige Möglichkeit, Gottes Existenz zu beweisen, liegt darin, ihn innerhalb des Bewusstseins selbst zu suchen. Und der Grund dafür ist, dass Gott selbst Bewusstsein ist.

Den Menschen, die fordern: Zeige mir Gott!, denen könnte man Gott tatsächlich zeigen, wenn es sich bei Gott zum Beispiel um einen Stuhl handeln würde oder um eine Wand oder um irgendeinen physischen Körper. Mit weltlichen Mitteln jedoch, die Existenz eines nicht weltlichen, sondern transzendenten Wesens beweisen zu wollen, ist schlichtweg unmöglich. Also befassen wir uns nicht damit, Gottes Existenz beweisen zu wollen. Wenn du nicht an Gottes Existenz glaubst, ist das für Gott selbst auch in Ordnung, denn das ist deine persönliche Freiheit!

Wir selbst gehen aber nicht nur davon aus, dass Gott existiert, sondern wir haben das auch erfahren, in unserem persönlichen Leben. Und zwar nicht nur als Resultat des Glaubens, sondern als ein Resultat der Meditation, als ein Resultat daraus, unser Bewusstsein mit dem göttlichen Bewusstsein zu verbinden. Auf diese Weise sind wir von der göttlichen Existenz ebenso überzeugt wie von unserer eigenen Existenz.

Auf dieser Basis wenden wir uns also dem Vedanta zu. Vedanta beginnt mit der Aussage: Nun ist es an der Zeit, sich mit der Natur Gottes, des Absoluten, zu befassen.

Wenn wir uns dabei dem Konzept der Non-Dualität zuwenden, stellen wir fest, dass dieser Begriff im Allgemeinen kaum verstanden und in der modernen westlichen Welt sehr häufig falsch verwendet wird. Und dies ganz besonders in den letzten etwa 40 Jahren. Was mit Non-Dualität gemeint ist, heißt im Sanskrit: Advaita, in der Bedeutung von Nicht-Zweiheit oder Nicht-Dualität (Dvaita = Zweiheit / A = Nicht / Advaita = Nicht-Zweiheit).

Advaita ist ein philosophisches System, das historisch durch drei aufeinanderfolgende Stadien gegangen ist.

1. Authentischer Advaita,

das ist das Advaita-System, wie wir es in der Vedanta-Philosophie tatsächlich vorfinden.

2. Neo Advaita,

entfaltete sich im 19. Jahrhundert und ist auch heute noch hier und da anzutreffen.

Und schließlich die Form des Advaita, die wir heute vorfinden:

3. Pseudo Advaita

Beim Pseudo Advaita handelt es sich um eine Art New-Age-Spiritualität im Namen der Non-Dualität. Wenn wir die Entwicklung des Advaita betrachten, werden wir sehr schnell sehen, dass das, was die Menschen heute Non-Dualität nennen, nichts oder nur sehr wenig mit Advaita zu tun hat. Es handelt sich vielmehr um eine Strömung, in der es mehr um Sentimentalität als um Philosophie geht.

Zuvor aber noch eine kurze Erörterung der Frage: Was ist Vedanta und was ist Non-Dualität, richtig verstanden, tatsächlich?

Wenn wir uns den Begriff Vedanta ansehen, so setzt sich dieser aus zwei Teilen zusammen. 1. Veda = Wissen bzw. Wahrheit und 2. Anta = Ende bzw. der Höhepunkt. Wenn wir die beiden Teile zusammenführen, haben wir Vedanta = Das Ende des Wissens oder der Wahrheit bzw. der Höhepunkt des Wissens oder der Wahrheit.

Vedanta ist das philosophische System, das das Fundament der vedischen Philosophie darstellt, die im Westen landläufig als Hinduismus bezeichnet wird. Es gibt drei Arten von Schriften, die die Textgrundlage des Vedanta bilden:

1. Die Brahma Sutras

Geschrieben von einem legendären Weisen namens Vyasa im prähistorischen Indien, lange vor unserer Zeitrechnung. Vyasa ist der erste Vedantist und damit der wichtigste Vedantist.

2. Die Bhagavad Gita

und schließlich:

3. Die Upanischaden

Es gab ursprünglich 1008 Upanischaden, heute haben wir noch Kenntnis von 222, von denen wiederum 108 besondere Bedeutung besitzen und von diesen sind 12 bis 14 geläufig im Vedanta.

Diese Werke bilden den philosophischen Hintergrund von Vedanta, und damit den philosophischen Hintergrund von dem, auf das sich die Personen, die heutzutage den Begriff Non-Dualität verwenden, eigentlich beziehen. Obwohl die meisten Menschen, die den Begriff Non-Dualität benutzen, die philosophischen Grundlagen des Vedanta überhaupt nicht kennen. Insbesondere daher rühren all die Missverständnisse, die heutzutage mit dem Begriff verbunden sind.

Die historische Vedanta-Tradition ist eine Tradition, die von Philosophen geformt wurde, die Kommentare zur Vedanta-Literatur geschrieben haben. Im Laufe der Zeit gab es viele Hunderte solcher Vedanta-Kommentatoren.

Die frühesten erhaltenen Kommentare, die uns heute noch vorliegen, stammen von einem Philosophen mit Namen Shankara. Er lebte im 8. Jahrhundert n.Chr. Wie ich sagte, sind die frühesten erhaltenen Kommentare zum Vedanta die von Shankara. Wir wissen aber, dass es viele Kommentare gab, die lange vor Shankara geschrieben worden sind. Wir kennen die Namen der Autoren dieser Kommentare. In vielen Fällen haben wir auch Fragmente von dem, was sie geschrieben haben. In anderen Fällen gibt es sogar Gerüchte, dass ihre Bücher im Verborgenen noch existieren. Wie dem auch sei, in den meisten Fällen sind die Bücher dieser Philosophen, die von Shankara existierten, verloren, sie sind im Nebel der Geschichte verschwunden. Aber wir kennen trotzdem deren Philosophie! Der Grund dafür, dass wir ihre Philosophie trotzdem kennen, ist, dass Shankara selbst in seinen Texten deren Philosophie diskutiert hat, und auch andere Philosophen, nach Shankara, haben die Philosophie dieser frühen Vedantisten in ihren Werken besprochen. Und was wir dabei sehen, ist, dass die frühesten Traditionen von Vedanta etwas ganz anderes vertraten als das, was Shankara und sein Guru Gaudapada daraus gemacht haben.

Vor diesem Hintergrund lasst uns über die heutigen drei wesentlichen Schulen des Vedanta sprechen:

1. Zuerst ist da die Schule des Advaita, die wir bereits erwähnt haben. Advaita in seiner heutigen Bedeutung geht zurück auf einen Lehrer namens Gaudapada und seinen besonderen Schüler Shankara. Die zentrale Idee von Advaita ist, dass alles, was im Universum um uns herum wahrnehmbar ist, in Wahrheit nur Eins ist. Alles, was existiert, ist Brahman. Was nun ist Brahman? Das ist die Frage! Diese Frage ist tatsächlich das Herz der gesamten Vedanta-Philosophie. Brahman ist das Absolute! Brahman ist Gott! Wenn wir vor diesem Hintergrund Advaita betrachten, heißt das: Alles, was wir wahrnehmen, ist Eins. Auch wenn wir Vielfalt um uns her sehen und obwohl wir an so viele unterschiedliche Dinge denken können und obwohl wir uns mit so vielen Dingen identifizieren können, existiert in Wahrheit nichts von alledem. Die Dinge haben tatsächlich keine eigene Existenz. In welcher Art oder Form auch immer. Der einzige Umstand, der die Illusion erzeugt, dass diese Dinge vermeintlich existieren, ist eine Kraft mit Namen Maya. Maya ist dafür verantwortlich, dass wir uns in einem Zustand der Täuschung bzw. der Ignoranz befinden. Tatsächlich ist alles, was es gibt, nur Eins, nämlich Brahman, Gott, das Absolute. Und die Upanischaden sagen außerdem: Tat Tvam Asi, d.h.: Das bist du! Danach sind wir ebenfalls: Das

Eine. Auch wir sind Bestandteil des Absoluten. Wir sind ebenfalls Gott. Das ist die Bedeutung von Advaita. Wir haben hier also eine Position, die sagt: Alles, was existiert, ist Einheit. Alles, was existiert, ist Gott. Wir selbst und alles, was wir um uns herum wahrnehmen, ist in Wahrheit Gott, und dass wir das nicht erkennen, das liegt an Maya. Wir befinden wir uns also in einer Illusion.

2. Auf der genau entgegengesetzten Seite haben wir eine weitere Schule des Vedanta, diese philosophische Richtung ist bekannt unter dem Namen Dvaita. Wir haben also auf der einen Seite die Schule des Advaita, oder der Non-Dualität, bzw. der Einheit, und auf der anderen Seite die Schule des Dvaita, oder die der Dualität, bzw. der Zweiheit, oder der Vielheit. Der berühmteste Philosoph der Dvaita-Schule ist Madhva. Er lehrte im Großen und Ganzen genau das Gegenteil von dem, was Shankara sagte. Er beschrieb alles, was existiert, als unterschiedlich und voneinander getrennt. Madhva sagte: Alles existiert letztlich in Dualität, also voneinander getrennt. Und er unterschied die Ebenen des Sein in drei Bereiche: 1. Brahman, also Gott oder das Absolute, 2. Atman, die Seele bzw. der Lebenskern aller Lebewesen und 3. Jagat, die Materie, die materielle Welt, die uns umgibt. Aber alle drei Bereiche haben keine Verbindung zueinander, sie sind auf ewig vollkommen getrennt. Das heißt: Atman, die individuelle Seele, ist ewig getrennt von Brahman, Gott. Und auch die Materie ist ewig getrennt von Gott und vom individuellen Selbst usw. Alles ist ewig von allem getrennt.

Wir sehen hier also zwei Extreme, entweder ist alles Eins, wie es im Advaita behauptet wird, oder alles unterscheidet sich grundlegend voneinander, nichts berührt irgendetwas anderes, wie es die Lehre des Dvaita sagt.

3. Nun kommen wir zur dritten und ganz wesentlichen Schule, der Vedanta. Diese ist als Vishishta Advaita bekannt. Einer der

herausragenden Philosophen dieser Schule ist Ramanuja. Die Interpretationen dieser Schule, also die Lehren des Vishishta Advaita, sind die ursprünglichen Lehren, wie sie vom Autor der Brahma Sutras und Begründer des Vedanta, dem Rishi-Philosophen Vyasa selbst, in vorgeschichtlicher Zeit gelehrt worden sind. Dieses wissen wir aus historischen und akademisch anerkannten Quellen. Der Vishishta Advaita ist die Lehre der Philosophen und Kommentatoren, die sich vor Shankara mit dem Vedanta befasst haben. Noch einmal, weil es so wichtig ist: Wir wissen aufgrund akademischer Forschung sicher und ohne jeden Zweifel, dass der Vishishta Advaita die ursprünglich gebräuchliche Interpretation des Vedanta ist. Dies kann den noch vorhandenen Fragmenten der Werke der ganz frühen Kommentatoren entnommen werden und darüber hinaus können wir es den Werken von Shankara und Ramanuja selbst entnehmen, da sie genau dies in ihren Ausführungen bestätigen. Wir wissen daher sehr genau, dass es sich so verhält.

Was nun ist Vishishta Advaita? Wir haben zwei Wörter: 1. Advaita und 2. Vishishta. Also, noch einmal, Advaita steht für Non-Dualität, für die Idee, dass alles mit Brahman, Gott, identisch ist, und zusätzlich haben wir hier Vishishta, das steht für: unterscheidbar, unterschiedlich, besonders, und mit Eigenschaften behaftet. Zusammen bedeuten die Begriffe also: Das Eine, das Allumfassende, also Brahman oder Gott, besitzt Qualitäten oder Eigenschaften. Und diese Qualitäten sind tatsächlich im Wortsinne Qualitäten, also Besonderheiten oder Eigenschaften und es sind somit keine Quantitäten, also keine Mengen. Diese Unterscheidung ist wichtig! Mit anderen Worten: Wenn wir sagen: Gott ist schön!, dann beschreiben wir eine Qualität, eine Eigenschaft. Es ist eine Aussage über eine Eigenschaft Gottes. Gott ist schön! Nun könnte man fragen, in welchem Umfang oder in welchem Maß ist Gott schön? Würde Gott einen Schönheitswettbewerb gewinnen, oder würde er nur auf den zweiten Platz kommen? Also, wie schön ist Gott?

Unendlich schön, natürlich! Unermesslich schön! Also, gemäß dem Vishishta Vedanta besitzt Gott Eigenschaften, und zwar transzendentale Eigenschaften, in glückverheißender Fülle und unendlicher, unermesslicher Anzahl und alle diese Eigenschaften sind in unendlichem Maß vorhanden! In dieser Weise hat Ramanuja die Eigenschaften Gottes beschrieben.

Der Vishishta Vedanta ist also eine perfekte Kombination aus Advaita und Dvaita, aber ohne die Probleme, die mit diesen beiden Philosophien verbunden sind. Welche Probleme sind bei diesen Philosophien vorhanden? Lassen Sie uns mit Dvaita beginnen. Welche Probleme resultieren daraus, wenn ich davon ausgehe, dass es keine Verbindung zwischen mir und Gott gibt und keine Verbindung zwischen Gott und dem materiellen Universum? Keine Verbindung zwischen uns und anderen Wesen, zwischen uns und der materiellen Welt usw.? Es gibt also keine Verbindung zwischen all diesen Dingen. Was wäre das Problem? Es gäbe dann keine zentrale Quelle, aus der alles, was ist, hervorgegangen ist. Somit wären alle Bereiche des Seins unbegrenzt und ewig vorhanden. Und wir würden philosophisch für immer mit der Frage konfrontiert, welcher der drei Bereiche die ursprüngliche Quelle der anderen Bereiche gewesen ist. Wir enden philosophisch also anstatt mit einem göttlichen Wesen mit einer Art Trinität. Und dies führt wieder zu weiteren Fragen, in Form eines ewigen Hinterfragens der tatsächlichen, letzten Quelle des Seins.

Und ein weiteres Problem, zusätzlich zu den genannten Problemen, ist die Frage nach dem verbindenden Element zwischen den getrennten Ebenen der Realität. Wie ist unsere Beziehung zu Gott, wenn wir nicht mit ihm verbunden sind? Wie sieht unsere Verbindung zur materiellen Welt aus? Wie ist unsere Verbindung zu anderen Wesen, wenn wir alle vollkommen voneinander getrennt sind, wie isolierte, in sich abgeschlossene Monaden. Das sind einige der Probleme, die sich beim radikalen Dualismus, also bei der Philosophie des Dvaita, ergeben.

Welche Probleme ergeben sich bei der Advaita-Philosophie? Es gibt auch hier eine Reihe von Problemen und einige davon sind besonders gewichtig. Diese besonderes gravierenden Probleme wurden bereits kurze Zeit, nachdem Shankara seine Advaita Lehre vorstellt hat, gesehen und diskutiert. Zuerst einmal ist hier die Maya-Theorie. Das ist die mit Abstand wichtigste Annahme, die im Advaita Vedanta existiert. Die Maya-Theorie sagt, dass nichts existiert außer Gott, also Brahman, oder dem Absoluten, und dass wir ebenfalls dieses Absolute sind. Und die Theorie sagt weiter, dass das einzige Problem darin besteht, dass wir zeitweise in Unwissenheit oder Täuschung, also in Maya, gefallen sind. Wir werden also zeitweise durch eine Illusion, Avidia (Ignoranz), geblendet und nehmen daher nicht die Einheit, also nicht Gott, sondern stattdessen Vielheit, also die getrennten Dinge der Welt, wahr. Wir haben also nur vorübergehend vergessen, dass wir Gott sind und dass außer uns selbst nichts existiert. Und was ist daher das Ziel des Lebens? Nun, das Ziel ist: Sich daran zu erinnern, dass man selbst Gott ist! Wenn man das erreicht, ist man erleuchtet! Aber es gibt ein Problem bei diesen Überlegungen! Die Theorie des Advaita hört sich oberflächlich gesehen erst einmal ganz gut an, bis du anfängst darüber nachzudenken und sie zu analysieren. Denn: Wenn wir tatsächlich Gott sind und nur zeitweise der Maya, also der Illusion unterliegen, es nicht zu sein, dann heißt das: Wir können, bzw. Gott kann, Illusionen unterliegen. Gott ist also unvollkommen. Und mehr noch: Wenn Gott von Avidia, also Ignoranz, geblendet werden kann, dann bedeutet das, dass die Ignoranz mächtiger ist als Gott. Und, Sie können mir das entweder einfach glauben oder ihre eigenen philosophischen Untersuchungen anstellen: Seit Shankara hat kein Nachfolger in der Tradition des Advaita Vedanta dieses Problem losen können! Nicht ein Einziger und zu keiner Zeit! Es gibt keinen Weg an diesem Problem vorbei!

Wenn man sagt, man ist Gott, hat aber vergessen, dass man Gott ist, und das Ziel darin besteht, sich daran zu erinnern, Gott zu sein, dann haben sie stets das gleiche Problem: Wie und warum haben sie vergessen, dass sie Gott sind? Und wie kommt es, dass irgendetwas in Gestalt von Maya oder Avidia, das Absolute, also Gott, Brahman, überwältigen kann! Und zwar so vollständig überwältigen kann, dass wir all unsere Selbstwahrnehmung, unsere gesamte Identität als Gott, verloren haben? Dies ist schlichtweg unerklärbar! Dies ist eines der grundlegenden Probleme mit Advaita.

Ein anderes historisches Problem ist dies: Wenn wir uns die Vorstellung oder das Konzept vom Brahman ansehen, das das einzige sein soll, das in Wahrheit überhaupt existiert, dann endet eine solche philosophische Betrachtung in einer speziellen Spielart von Shunyata, also Nothingness oder dem Nicht-Sein. Historisch ist das leicht verständlich, denn als Shankara seine Advaita-Vedanta-Philosophie formulierte, tat er das im Speziellen, um eine ganz bestimmte philosophische Lehre zu bekämpfen, und zwar den Buddhismus. Das ist eine historische Tatsache. Er schrieb darüber und seine Zeitgenossen schrieben darüber. Und wir wissen aus seinen Taten, dass er im Buddhismus die größte Bedrohung für die vedische und die Vedanta-Philosophie sah. Vor diesem Hintergrund ist es verständlich, und einige seiner Anhänger bestätigten dies ausdrücklich, dass Shankara ein philosophisches System formulierte, das zu den gleichen Schlussfolgerungen führt wie der Buddhismus, nämlich zu Shunyata, d.h. Nothingness oder Nicht-Sein. Das Shunyata-System bedeutet: Wenn du die Realität im Sinne des Advaita vollständig analysierst, dann kommst du automatisch zum Konzept der Nothingness, dem Nicht-Sein, weil alles andere letztlich als nicht existent erkannt wird. Das ist das Problem mit diesem Konzept, denn das entspricht überhaupt nicht der vedischen Philosophie! Ganz einfach! Es ist nicht vedisch! Es widerspricht der Bhagavad Gita, es widerspricht den Upanischaden, es widerspricht den vier

Veden, es widerspricht den Brahmanas, es widerspricht dem Ramayana und dem Mahabharata. Dieses Konzept kann im gesamten vedischen Schrifttum nirgends gefunden werden. Es ist also wichtig zu verstehen, dass Shankara ein ganz spezielles Anliegen hatte. Es ging ihm um eine gezielte Polemik gegenüber dem Buddhismus und nicht um eine neue vedische Philosophie. Und aus diesem Grund wurde der Advaita Vedanta in der philosophischen Geschichte Indiens stets bekämpft. Der Advaita Vedanta wurde erst in den letzten etwa 150 Jahren (insbesondere durch europäische Indologen, während der englischen Kolonialherrschaft) wiederbelebt und speziell gegenüber westlichen Menschen als hinduistische Philosophie dargestellt. Wenn Sie nach Indien gehen, werden Sie feststellen, dass über 80 Prozent der dort lebenden Menschen keine Anhänger des Advaita Vedanta sind. So ist die Realität.

Nun noch einmal zurück zum Vishishta Vedanta, der ursprünglichen Interpretation des Vedanta. Es stellt sich die Frage: Umfasst Non-Dualität tatsächlich persönliche Qualitäten? Oder mit anderen Worten: Ist es möglich, von einem non-dualen Wesen mit Eigenschaften auszugehen? Gott ist in seiner Essenz in der Tat non-dual, darin sind sich alle Schulen der vedischen Philosophie, mit Ausnahme der Dvaita-Schule, vollkommen einig. Gott in seiner Essenz ist non-dual! Das bedeutet, Gott ist ein allumfassendes Wesen, das die Zeit transzendiert, das den Raum transzendiert, das die Kausalität transzendiert – denn Kausalität ist ohne Zeit und Raum nicht möglich. Was Gott zu einem Non-Dualen Wesen macht, sind zwei Dinge:

Zum einen der Umstand, dass Gott in einem nicht zählbaren und nicht wägbaren Zustand existiert, in einem Zustand der Qualität, nicht der Quantität. Und ohne Quantität kann etwas nur als Einheit existieren, es können nicht mehrere in Vielheit vorhanden sein. Wir reden bei Gott also über etwas, das nur qualitativ und nicht quantitativ definiert werden kann.

Der zweite Aspekt von Gottes Non-Dualität ergibt sich aus der Tatsache, dass Gott die Quelle von allem ist, was existiert, die Quelle der gesamten Realität. Wenn Gott die Quelle von Allem ist, dann kann man auch sagen: Gott ist (indirekt) Alles! In gleicher Weise, wie man von der Sonne und den Sonnenstrahlen sprechen kann. Die Sonne und die Sonnenstrahlen sind qualitativ eins, und wenn die Sonne in einen Raum scheint, können wir sagen: Die Sonne ist in diesem Raum. Natürlich stimmt das nicht wirklich, denn wenn die Sonne in diesem Raum wäre, wären wir tot, wir wären verbrannt. Aber wir verstehen, dass die Aussagen qualitativ gemeint sind. Die Sonnenstrahlen sind qualitativ mit der Sonne identisch, nicht jedoch quantitativ. Quantitativ gib es einen Unterschied! Und wir sehen, dass das Eine, die Strahlen, von dem Anderen, der Sonne, abhängt und dass das Eine, die Sonne, die Energie des Anderen, nämlich der Strahlen, ist. In gleicher Weise betrachten wir im Vishishta Advaita die Non-Duale Existenz als eine der fundamentalen Eigenschaften des Göttlichen, in der Weise, dass alles, was existiert, mit den Sonnenstrahlen vergleichbar ist, deren Quelle die Sonne selbst ist.

Wenn wir das bedenken, stellt sich die Frage: Wird dadurch, dass Gott ein non-duales Wesen ist, ausgeschlossen, dass er auch eine Person ist? Ja, aber nur, wenn wir unter dieser Person das Gleiche wie unter einer menschlichen Person verstehen, dann kann Gott keine Person sein. Aber, Gott ist keine begrenzte, beschränkte, unwissende Person wie der Mensch. Dies ist mit der Person Gottes in der Vedanta-Philosophie auch nicht gemeint. Gemeint ist: Gott ist Person, weil er eine Bewusstseins-Identität, Svarupa, besitzt. Gott ist ein einzigartiges Bewusstseins-Zentrum, ohne räumliche Begrenzung. Wir sprechen also nicht über örtliche oder räumliche Positionen, wenn wir bei Gott den Begriff Person verwenden. Als Menschen befinden wir uns als Person alle an bestimmten örtlichen oder räumlichen Positionen. Zum Beispiel befinde ich mich in diesem Moment hier vor euch und nicht irgendwo dahinten, hinter euch. Ich bin hier, nicht dort. Warum? Weil ich mich als ein begrenztes Wesen in menschlicher Form, stets an einem konkreten geografischen Ort befinde. Ich als Person bin hier, an dieser Stelle, in diesem Augenblick. Wenn ich woanders hingehe, werde ich, wird also meine Person, an einem anderen Ort sein. Wenn wir über Personalität im metaphysischen Sinne sprechen, sprechen wir über etwas anderes! Wir sprechen nicht über einen geographischen Ort und wir sprechen nicht über eine Person mit einem Körper oder einem Gesicht. Wir sprechen vielmehr über das, was im Sanskrit Svarupa genannt wird. Wir sprechen über Gott als individuelles Bewusstsein bzw. als Bewusstseins-Identität. Und was wir unter Bewusstsein verstehen ist das Gleiche wie das, was wir unter Personalität verstehen. Es gibt nicht das Eine ohne das Andere! Beides ist identisch!

Was sind die vier Elemente der Personalität?

1. (Chaitanya) Erkennendes Bewusstsein, also Bewusstsein als solches.

2. (Aham Pratyaya) Selbst-Bewusstsein, also Bewusstsein vom eigenen Selbst, als ein existierendes Wesen, das das Außen wahrnimmt, das also wahrnimmt, was nicht das eigene Selbst ist.

3. (Sankalpa) Wille. Was bedeutet es, eine Person zu sein? Was bedeutet es, ein bewusstes Wesen zu sein? Es bedeutet, ein Wesen zu sein, das auswählt, das sich entscheidet, ob es nach rechts oder nach links, nach oben oder nach unten geht. Das Wesen entscheidet sich in jeder Sekunde. Jedes lebende Wesen trifft Entscheidungen. Auch ein Vogel, dem wir uns vorsichtig nähern, um ihn zu fotografieren, entscheidet darüber, wie nahe er uns herankommen lässt, bevor er wegfliegt. Hier läuft nichts rein Mechanisches ab. Wir können nicht vorhersagen, wann der Vogel wegfliegen wird. Der Vogel hat ei-

nen freien Willen, er entscheidet sich. Dieser Stuhl, auf dem ich sitze, dem kann ich so nahe kommen, wie ich will. Er läuft nicht davon. Warum nicht? Er hat kein Bewusstsein! Er ist kein lebendes Wesen. Ein lebendes Wesen kann sich entscheiden, es hat einen freien Willen. Das ist eines der Bestandteile von Personalität und vom Bewusstsein selbst.

4. (Anandam Rasam) Streben nach Glück und Glückseligkeit, nach Freude und Zufriedenheit. Es gibt keine Person, ja kein lebendes Wesen, das nicht nach Glück, nach Freude und nach Zufriedenheit strebt. Das gilt für alle lebenden Wesen, inclusive der Götter und der Dämonen und auch für die Tiere und die Pflanzen. Wenn sie nicht glauben, dass auch Pflanzen nach Glück und Freude streben, dann beobachten sie, wie eine Pflanze stets nach dem Licht strebt und in diese Richtung wächst. Licht ist, wonach die Pflanze sich sehnt, was die Pflanze sich wünscht, wohin sie will, um glücklich und zufrieden zu sein.

Das sind die vier Elemente des Bewusstseins und zugleich die vier Elemente der Personalität. Bewusstsein und Personalität sind nicht getrennt, es handelt sich nicht um etwas Unterschiedliches, sondern um die gleiche Sache. Die vier genannten Attribute sind die Grundlage für beides. Darum ist es für Gott tatsächlich möglich, beides zugleich zu sein: non-dual und personal. Auf der einen Seite ist Gott die Einheit ohne ein Zweites und auf der anderen Seite besitzt Gott ein Bewusstsein (Svarupa) und er besitzt somit die vier Elemente der Personalität. So lehrt es die älteste und ursprünglichste Interpretation des Vedanta, der Vishishta Vedanta.

Die drei Wege in der vedischen Philosophie

Menschen mit geringer Intelligenz verehren die (Halb-) Götter und daher sind die Früchte, die sie erhalten, begrenzt und zeitweilig. Die Verehrer der (Halb-)Götter gehen zu den Planeten der (Halb-)Götter, doch meine Geweihten erreichen meinen höchsten Planeten. (Krishna: Bhagavad Gita, 7/23)

Die Frage, warum es in der vedischen Tradition drei separate Pfade gibt, war für lange Zeit ein ganz und gar unnötiges Geheimnis. Zum ersten Mal überhaupt, erklärt hier einer der dynamischsten Lehrer der vedischen Tradition, Sri Dharma Pravartaka Acharya, ganz und gar schlüssig, das Wesen und die Natur der drei vedischen Pfade:

1. Vishnuismus (Vaishnavismus),
2. Shivaismus (Shaivismus)
und
3. Shaktismus.

Lasst mich zu Beginn noch einmal deutlich sagen: Es handelt sich bei unserem heutigen Thema um eines der Probleme, die mit den Segnungen der vedischen Kultur einhergehen. Die vedische Kultur ist nicht leicht zu verstehen. Jeder, der das meint, macht sich selbst etwas vor. Ich studiere die vedische Kultur seit vierzig Jahren und ich lerne immer noch dazu. In unserer schnelllebigen Zeit, in der uns alles schnell und einfach erklärt werden soll, müssen wir daher beobachten, dass es viele Fehlinterpretationen und Missverständnisse über die vedische Kultur und insbesondere über die vedische Philosophie, Sanatana Dharma, gibt

Hier ist ein solches Missverständnis, nämlich die Frage: Warum gibt es im Sanatana Dharma drei unterschiedliche Wege, nämlich Vaishnavismus, Shaivismus und Shaktismus? Ich denke, jeder wird bereits von diesen verschiedenen Wegen gehört haben. So gelten die Vaishnavas als die Anhänger von Vishnu oder Krishna bzw. Narayana, während die Shaivas dagegen als die Anhänger von Shiva bekannt sind. Die Shaktas letztlich sind die Anhänger von Devi, oder Shakti, oder auch Maha Shakti, bzw. der Göttlichen Mutter, die unter vielen verschiedenen Namen verehrt wird.

Was die Sache für die Menschen zu einem schwer lösbaren Rätzel macht, ist dies: Wenn man Sanatana Dharma als einen wirklich systematisch aufgebauten Weg versteht, so wie wir es tun, dann ist da kein Platz für Vermutungen oder menschliche Spekulationen. Die historischen Lehren und Inhalte, mit denen wir umgehen, kamen nicht zufällig oder willkürlich zustande. Da haben sich nicht vor langer Zeit ein paar Leute getroffen und darüber abgestimmt oder beraten, welche Ideen in die Lehre aufgenommen werden und welche nicht. So verhält es sich mit Spiritualität nicht und so verhält es sich auch mit der Wahrheit nicht! Was wir stattdessen gesehen haben, ist, dass Sanatana Dharma ein vollständiges und komplexes sowie umfassendes philosophisches System und gleichzeitig ein vollkommen systematischer Weg ist, etwas über Gott zu erfahren und sich ihm zu nähern. Wenn das aber so ist, wie kommt es dann, dass es im Sanatana Dharma diese drei unterschiedlichen Wege gibt? Welchen Grund gibt es dafür? Das wollen wir heute ein wenig erforschen.

Es gibt für die drei vorhandenen Wege im Sanatana Dharma eine Reihe unterschiedlicher Erklärungen, die von verschiedenen Leuten gegeben worden sind. Diese Erklärungen sind allesamt falsch! Die beidem am häufigsten genannten, falschen Erklärungen sind folgende:

1. Die am weitesten verbreitete, falsche Behauptung basiert auf einer Art radikalem Universalismus. Sie lautet: Es gibt zwar äußerlich diese drei Wege, aber in Wirklichkeit sind alle drei Wege gleich! Es spielt keine Rolle, welchen Gott auch immer du als das höchste Wesen verehrst, das kannst du frei wählen, so wie es dir gefällt. Du folgst einfach dem von dir gewählten Weg und am Ende erreichst du, wie alle anderen auch, das gleiche Ziel. Es spielt keine Rolle, ob du Durga oder Shiva oder Vishnu verehrst. Es kommt nur auf deine Hingabe an, das ist alles, was zählt. Solange du Verehrung und Hingabe fühlst, dann kommst du auch mit allen anderen am gleichen Ort an.

Dies ist eine Art radikaler Universalismus, bei dem man den Fehler eigentlich schon von Natur aus sieht. Wenn es deine Absicht ist, nach New York zu gehen, du dich aber auf der Straße nach Los Angelas befindest, wirst du auch in Los Angelas ankommen und nicht in New York! Absicht allein reicht nicht! Hingabe allein reicht nicht! Zumindest dann nicht, wenn sie sich in die falsche Richtung wendet. Es gibt Berater und Helfer von gefährlichen Politikern und Diktatoren in der Welt, die sehr viel Hingabe für diese bösen Menschen empfinden. Aber es ist Hingabe an etwas Böses! Hingabe allein garantiert also nicht, dass du dich auf dem richtigen Weg befindest. Und wenn du dich auf einem falschen Weg befindest, wird deine Hingabe nicht dazu führen, dass du am Ende ein positives Ziel erreichst. Denn deine Hingabe unterliegt einer Illusion! Das bedeutet: Es ist nicht so, dass alle drei Wege gleich sind und dass sie zum gleichen Ziel führen! Warum ist das so? Weil man auf ihnen ganz verschiedene, und zwar radikal verschiedene Wesen verehrt. Und das Prinzip lautet: Wir werden zu dem, über das wir meditieren oder was wir in unserer Meditation betrachten! Worauf auch immer sich unsere Erwartung konzentriert, Gutes, Schlechtes, oder alles dazwischen, auf welchen Grad des Guten oder des Schlechten wir uns ausrichten, so werden wir, bzw. in diese Richtung entwickeln wir uns. Ganz einfach! Unser Bewusstsein wird gefärbt durch das, was wir in unser Bewusstsein einbringen. Ganz einfach zu verstehen.

Vor diesem Hintergrund sei noch einmal betont: Die auf den unterschiedlichen Wegen verehrten Wesen, z.B. Durga im Shaktismus, Shiva im Shivaismus und Vishnu im Vishnuismus, unterscheiden sich radikal voneinander!

Wer die (Halb-)Götter verehrt, wird unter den (Halb-) Göttern geboren; wer Geister und Gespenster verehrt, wird unter solchen Wesen geboren, wer die Vorfahren verehrt, geht zu den Vorfahren, und wer Mich verehrt, wird mit Mir leben. (Krishna: Bhagavad Gita 9/25)

2. Die zweithäufigste und ebenfalls falsche Erklärung für die drei unterschiedlichen Wege im Sanatana Dharma behauptet so ziemlich das Gegenteil von der ersten Erklärung! Diese zweite Erklärung wird besonders gerne von Geschichts- oder Religionswissenschaftlern verwendet. Sie sagen: Es gibt diese drei unterschiedlichen Wege im Sanatana Dharma, weil die Menschen im Verlaufe der Geschichte, zu unterschiedlichen Zeiten, unterschiedliche Götter bevorzugten und sie versuchten dann, jeweils ihren eigenen Favoriten zum wichtigsten Gott zu erklären. Man kann also im Verlauf der Geschichte beobachten, wie diese drei unterschiedlichen Wege miteinander im Streit lagen und gegenseitig um die Vorherrschaft rangen. Es hieß dann entweder: Shiva ist der höchste Gott!, oder Vishnu ist der höchste Gott!, oder auch: Shakti ist die höchste

Göttin! Mit anderen Worten, die drei Wege stellen so etwas wie eine Art zufälliges Sektierertum dar.

Wir haben hier also so ziemlich das Gegenteil von den Behauptungen in der 1. Erklärung. Beim radikalen Universalismus wird gesagt, dass alle drei Wege in Wahrheit gleich sind und es keinen Unterschied macht, welchem Weg man sich zuwendet. Hier, in der 2. Erklärung, beim zufälligen Sektierertum, wird gesagt, dass sich die Wege unterscheiden und dass sie sich sogar im Kampf um die Vorherrschaft befanden und befinden. Diese Erklärung ist allerdings genauso falsch wie die erste. Und der Grund, warum auch diese Erklärung falsch ist, kann in den heiligen Schriften des Sanatana Dharma, den vedischen Schriften, also in der grundlegenden Quelle selbst, gefunden werden. Wir sehen in den Schriften, dass dort alle drei Wege sehr positiv beschrieben werden! Sie befinden sich nach den Schriften keineswegs in Konkurrenz zueinander oder gar im Krieg miteinander. Zumindest nicht, wenn man es historisch betrachtet. Rivalitäten innerhalb des Sanatana Dharma sind erst in späterer Zeit, in den letzten Jahrhunderten aufgetreten. Heute sieht man mehr und mehr Sektierertum, aber das ist ein universelles Phänomen der heutigen Zeit. Je mehr die Zeit voranschreitet, sieht man mehr und mehr Kämpfe zwischen den Menschen. Wenn man allerdings in der Zeit zurückgeht und sich die Schriften diesbezüglich ansieht, erkennt man, dass die Vertreter der einzelnen Wege harmonisch zusammengearbeitet haben. Sie befanden sich nicht im Konflikt miteinander. Also ist auch dieses 2. Erklärungsmodell falsch!

Wir wollen uns heute ganz genau ansehen, was die Bedeutung der drei vedischen Pfade vor dem Hintergrund der vedischen Weltanschauung ist. Und was wir dabei sehen werden, ist, dass die drei Wege in Wahrheit nicht zum gleichen Ziel führen! Es sind drei verschiedene Wege mit drei unterschiedlichen Zielen, aber dennoch gehören alle drei zur vedischen Kultur und sie sind durchaus miteinander verträglich, denn sie wenden sich jeweils an unterschiedliche Menschen, an drei unterschiedliche Typen von Gottsuchenden.

Lassen Sie uns bei der Betrachtung mit dem vedischen Begriff der Tri-Tattvas, der drei Tattvas, beginnen. Ich habe darüber schon oft gesprochen und auch in meinen Büchern darüber geschrieben. Weil es sich um eine ganz fundamentale philosophische Grundlage, eine Art Fundament, von Vedanta und dem gesamten Sanatana Dharma handelt. Die zentrale Bedeutung von Tri-Tattva ist, dass wir alles, was existiert, also alles, was uns umgibt, in eine von drei Kategorien einteilen können. Das gilt ausnahmslos für Alles! Das gesamte Sein teilt sich auf in:

1. Brahman bzw. Gott;
2. Atman bzw. individuelle, bewusste Lebewesen, und
3. Jagat bzw. materielle Welt ohne Bewusstsein.

Das sind die drei Realitätsebenen, wenn wir sie ganz abstrakt oder philosophisch betrachten.

Jede der drei philosophischen Ebenen steht nun direkt im Zusammenhang mit einer ganz bestimmten Persönlichkeit:

1. Brahman bzw. Gott – wird repräsentiert durch Vishnu oder Narayana bzw. Krishna.
2. Atman bzw. das individuelle Bewusstsein – wird repräsentiert durch Shiva.
3. Jagat bzw. die Welt der Materie – wird repräsentiert durch Shakti Devi.

Wie kommen diese Zuordnungen zustande?

Sehen wir uns zuerst die Ebene von Brahman an. Die primäre Eigenschaft von Brahman ist, dass er vollkommen transzendent und dennoch immanent ist und zugleich die Quelle von allem Sein. Janmad yasya yatah, heißt es in den Brahma Sutras (1.1.2), das bedeutet: Gott ist das, von dem alle Dinge ausgehen. Und nur für Vishnu oder Narayana gilt das, denn es wird in den Schriften gesagt, dass Brahman zum einen vollkommen transzendent und zugleich vollkommen immanent ist, und als innerer Zeuge (Antaryamin) oder göttlicher Bewusstseinsfunke in jedem Lebewesen präsent. Außerdem nennen die Schriften nur ein einziges Wesen als Quelle aller Dinge, von dem also alle Dinge ausgehen – und dieses Wesen ist nicht Surya (der Sonnengott) und das Wesen gehört auch nicht zu den Gandharvas (den Engelwesen), das Wesen ist nicht Chandra (der Mondgott), das Wesen ist nicht Shiva, das Wesen ist nicht Shakti Devi. In den gesamten vedischen Schriften wird wieder und wieder immer nur ein einziges Wesen genannt, für das das zutrifft, und dieses Wesen ist eben Vishnu bzw. Narayana.

Die Weisen waren immer auf den Ort konzentriert, an dem Vishnu sich befindet, wenn sie die Gefilde des Himmels beobachteten. Immer wachsam und eifrig mit ihrem Lob, priesen und verherrlichten sie stets Vishnu an seinem Aufenthaltsort. (Rig Veda, 1.22.20-21)

Gott ist das innere, makellose, höchste Selbst, der göttliche Narayana (Vishnu). (Subala Upanischad, 4;1)

Narayana (Vishnu) ist ewig. Brahma entspringt Narayana. Shiva entspringt Narayana. Die Zeit fließt aus Narayana. Narayana ist oben, unten und überall drum herum. Narayana ist innen und außen. Narayana ist das, was geschehen ist, das, was grade geschieht, und das, was ge-

schehen wird. **Narayana ist der einzige Gott ohne jeden Makel, unbefleckt, unendlich und ohne jede Beschreibung. Narayana ist der Eine ohne ein Zweites.** (Narayana Upanischad, of the Yajur Veda, 2)

Agni ist der Niedrigste und Vishnu ist der Höchste. Dazwischen stehen die Devas (die Halb-Götter). (Aitareya Brahmana, 1.1.1)

Ich bin der Ursprung der spirituellen und der materiellen Welt. Alles geht von mir aus. Die Weisen, die dies wissen, dienen mir in Hingabe und verehren mich von ganzem Herzen. (Krishna: Bhagavad Gita 10/8)

Nun lasst uns eine Ebene tiefer gehen, in den Bereich von Atman bzw. Shiva. Tatsächlich gibt es in neuerer Zeit, etwa seit den letzten ein- bis zweitausend Jahren, eine Gruppe von Personen, die irrtümlicherweise davon ausgehen, dass Shiva das höchste Wesen ist. Das ist allerdings wirklich nur ein neuzeitliches Phänomen, gemessen am historischen und prähistorischen vedischen Erbe. Im Rahmen des Sanatana Dharma sind zweitausend Jahre eine kurze, kaum zu erwähnende Zeitspanne. Aber genau in diesem Zeitraum, seit etwa zweitausend Jahren, gibt es eine Personengruppe, die Shiva als das höchste Wesen verehrt. In den vedischen Schriften gibt es dafür allerdings keinerlei Grundlage. Im Gegenteil, in den heiligen Schriften incl. dem Srimat Bhagavatam, der Mahabharata sowie in anderen Quellen, sagt Shiva von sich selbst, dass er ein Verehrer von Narayana (Vishnu) ist.

Wie Varanana berichtet, erklärte Lord Shiva seiner Ehefrau Durga: **„Ich rezitiere den heiligen Namen: Rama, Rama, Rama (ein Avatar von Vishnu) und genieße dessen wunderbaren Klang. Dieser heilige Name von Ramachandra ist** gleichbedeutend damit, das gesamte ‚Sri Vishnu Sahasra Nama' (eine vedische Schrift über Vishnu) zu rezitieren." (Padma Purana, Uttara Khanda, 72.335)

Lord Shiva erklärt Parvati: „Gläubige, die vollkommen im hingebungsvollen Dienst an der höchsten Gottheit, Narayana (Vishnu), versunken sind, haben niemals Furcht vor irgendwelchen Umständen des Lebens. Für sie bedeuten die himmlischen Planeten, die höllischen Planeten und auch ihre eigene Befreiung alles das gleiche, denn diese Gläubigen sind ausschließlich daran interessiert, Gott zu dienen." (Srimad Bhagavatam, 6.17.28)

Shiva ist der größte Vaishnava. (Srimad Bhagavatam, 12.13.16)

All das sind direkte Aussagen von Shiva. Es gibt weiter Aussagen dieser Art, die wir hier nicht alle betrachten können. In meinem nächsten Buch (The Study Guide to Sanatana Dharma) werde ich viele weitere Verse anführen, in denen Shiva selbst von sich sagt, dass er ein Anhänger von Narayana (Vishnu) ist.

Außerdem habe ich immer wieder darauf hingewiesen, in welcher Gestalt Shiva üblicherweise stets dargestellt wird: Er sitzt im Lotussitz, hat seine Mala in der Hand und meditiert. Und hier muss sich natürlich jeder intelligente Mensch die Frage stellen: Über wen oder was meditiert Shiva? Wenn Shiva der höchste Gott wäre, worüber würde der höchste Gott dann meditieren? Meditation erfordert immer etwas Höheres als man selbst. Wenn Shiva meditiert, dann meditiert er also notwendigerweise über etwas Höheres. Was ist das Höhere, über das er meditiert? Nun, er selbst hat es uns gesagt, er meditiert über Narayana (Vishnu), den höchsten Gott.

Und wofür steht Shiva? Shiva steht für Atman, er repräsentiert das Bewusstsein als Ganzes. Wie ich schon oft erklärt habe, wird in der vedischen Kultur, Zivilisation und Philosophie alles personifiziert. Alles wird als Person bzw. personenhaft gesehen. Das gilt auch für Energien und es werden sogar einige philosophische Konzepte als personifiziert betrachtet. Nicht nur unpersönliche Energie, sondern alles hat einen Willen und eine dahinterstehende Personalität. Genau das führt zu dem Reichtum und der Schönheit der uns umgebenden Welt, dass wir eben nicht einfach nur blanke Erde um uns herum sehen. Nein, wir betrachten das, was wir sehen, als Mutter Erde! Als eine Person! In gleicher Weise bedeutet das: Wenn wir das gesamte individuelle Bewusstsein in seiner Totalität (Tatashtha Shakti) betrachten, dann wird das personifiziert als Shiva.

Kommen wir zur dritten Ebene: Shakti. Shakti repräsentiert Jagat bzw. die Welt der Materie. Und diese materielle Welt, also Jagat, besteht zum einen aus göttlicher Substanz, Prakriti, und zum anderen aus göttlicher Energie, Shakti, zusammen also: Prakriti-Shakti. Prakriti-Shakti für sich betrachtet ist ebenfalls eine Energie und Energien werden, wie gerade gesagt, in der vedischen Weltsicht personifiziert. In diesem Fall wird daher die materielle Energie, Prakriti, also die materielle Welt, als Shakti-Devi personifiziert.

Wenn wir uns jetzt erneut die drei vedischen Pfade ansehen, von denen wir zu Beginn gesprochen haben, so erkennen wir, dass jemand, der am Brahman, also an der Erkenntnis des Absoluten, der Quelle allen Seins, interessiert ist, sich dem Vishnuismus bzw. dem Vaishnavismus zuwendet. Er folgt dem Weg zu Vishnu bzw. Narayana oder Krishna. Im ersten Vers der Brahma Sutras heißt es: Jemand, der das Wesen des Absoluten Seins erkennen möchte, wird zum Vaishnava, zum

Anhänger Vishnus. Warum? Weil das Absolute, Brahman, sich nicht von Vishnu bzw. Narayana oder Krishna unterscheidet.

Wir wissen, dass Philosophie sehr abstrakt, sehr intellektuell und auch ziemlich unpersönlich sein kann, solange wir uns ausschließlich auf der philosophischen Ebene bewegen. Aber von Vyasa, dem Autor der Brahma Sutras, wird uns im ersten Vers ja die konkrete Aufforderung gegeben: Nun ist es an der Zeit, das Wesen von Brahman zu erkunden. Das ist so ähnlich, als wenn jemand zu uns kommt und sagt: So, nun lerne Gott kennen! Was bedeutet das? Was ist Gott? Wer ist Gott? Es ist schön, jemanden dazu aufzufordern, Gott kennenzulernen! Aber wie machen wir das? Konkret? Nun, wir machen das über die persönlichen Eigenschaften Gottes. Wir sehen uns das Wesen des Göttlichen, des Absoluten an. Jemand, der das Wesen des Absoluten Seins erkennen möchte, wird zum Vaishnava, zum Anhänger Vishnus (Narayana). Er möchte Vishnu bzw. Narayana kennenlernen. Das ist der einfachere und zugänglichere Weg, Gott kennenzulernen. Und er beginnt damit, für sich langsam ein inneres Bild davon zu erhalten, wer oder was Gott ist.

Diejenigen, auf der anderen Seite, die nicht so sehr Gotterkenntnis, sondern vielmehr eher Selbsterkenntnis anstreben, diese Personen sind mehr auf Atman konzentriert, sie befassen sich also mit dem Selbst, aber nicht mit etwas, das darüber hinausgeht. Sie folgen der Idee: Erkenne dich selbst!, und versuchen das zu erreichen, aber das ist es dann auch! Es geht ihnen nicht darum, über das eigene Selbst hinauszugehen und dann Gott zu erkennen. Diese Personen wenden sich dem Shivaismus bzw. Shaivismus zu. Sie werden zu Anhängern von Shiva! Und wieder stellt sich die Frage, warum ist das so? Was repräsentiert Shiva? Wofür steht Shiva? Wie wir gesehen haben, ist er die Gesamtheit des Bewusstseins.

Wenn man also sein eigenes Bewusstsein erkennen will, sein eigenes bewusstes Selbst, dann wird man ein Anhänger Shivas, der genau für dieses bewusste Selbst steht! Darum gibt es dieses sehr bekannte Shiva-Manta: Shivo ham. Das ist ein vedisches Mantra und bedeutet in der Übersetzung: Ich bin Shiva. Warum sagt man das so? Tatsächlich gibt es zwei Bedeutungen. Einmal die buchstäbliche Bedeutung, nach der wäre ich also konkret Shiva, der perfekte Asket und Yogi, im Lotussitz, mit Asche auf dem Körper und einer Mala in der Hand, der sich an einem speziellen Ort namens Shivaloka, irgendwo zwischen der materiellen Welt und dem geistigen Universum, aufhält. Diese Bedeutung ist bei dem Mantra natürlich nicht gemeint! Gemeint ist vielmehr das, wofür Shiva steht: Bewusstsein! Das Mantra: Ich bin Shiva, bedeutet also: Ich bin Bewusstsein! Dies ist ein spezielles Mantra für die Selbsterkenntnis.

Um letztlich den Shaktismus zu verstehen, wollen wir die drei unterschiedlichen Wege noch einmal von den Zielen her betrachten: Jemand, der den Weg der Vaishnavas geht, sucht Gott-Erkenntnis, die Anhänger des Shivaismus suchen Selbst-Erkenntnis und all diejenigen, die als Shaktas unterwegs sind, wollen Shakti, also die Energie, die Macht oder die Kraft, verstehen, sich mit ihr verbinden und sie kontrollieren. Darum beinhaltet der Shakta-Weg zum Beispiel stets Methoden zur Aktivierung der Kundalini-Energie, Öffnung der Chakras, Energetisierung der Nadis, also der Energiebahnen, die sich in unserem subtilen Körper befinden. Es geht immer um die Erhöhung und Konzentration von Energie, Macht und Kraft. Zum Beispiel durch die Öffnung der Chakren in einer bestimmten Art und Weise, die unsere innere psychische Kraft freisetzt, sodass wir dadurch verschiedenen sog. Siddhis entwickeln, das sind mystische Fähigkeiten, die es uns beispielweise ermöglichen, zu levitieren, also in der Luft zu schweben. Kräfte, die es uns ermöglichen, etwas aus dem Nichts zu materialisieren, oder unsere Hand in einen vorbeifließenden Fluss zu tauchen und diese zugleich, an einem anderen Ort, aus einem anderen Fluss auftauchen zu lassen usw. Das sind Kräfte, die einige Yogis durchaus besitzen! Mit anderen Worten, das, was man beim Shakta-Weg entwickelt, ist tatsächlich Kraft oder Macht bzw. Energie. Jeder Mensch, der ein spezielles Interesse daran hat, psychische Kraft zu entwickeln oder mit Mutter Erde zu kommunizieren, ohne ein weitergehendes, darüber hinausgehendes Interesse, der befindet sich auf dem Pfad des Shaktismus. Er ist ein Anhänger von Shakti.

Sehen wir uns jetzt einmal die Sadhanas an, also die konkreten praktischen Übungen für die unterschiedlichen Wege. Für diejenigen, die an der Erkenntnis Brahmans, also des Absoluten, interessiert sind, für die Vaishnavas, ist die zugehörige Praxis das Ashtanga Yoga. Das wird euch vielleicht überraschen, weil ihr sicher dachtet, ich würde an dieser Stelle das Bhakti Yoga nennen. Nun, reines Ashtanga Yoga ist Bhakti Yoga! Da gibt es keinen Unterschied. Ich spreche hier von dem ursprünglichen Ashtanga Yoga, so wie es vor mehr als 10.000 Jahren praktiziert wurde, als es noch in seiner reinen Form existierte. Also, es gibt zwischen Ashtanga und Bhakti Yoga eigentlich keinen Unterschied. Beide Yoga-Formen trennten sich erst in der Zeit nach Patanjali. Vor Patanjali ging man davon aus, dass man das achtgliedrige Yogasystem, also das Ashtanga-System, mit der Intention von Bhakti, also mit Hingabe an Gott, praktiziert. Traditionell war es also so, dass man Bhakti-Yoga meinte, wenn man von Ashtanga-Yoga sprach. Es gab keinen Unterschied. Auch Ramanuja verstand das System auf diese Weise. Allerdings betrachtete er es sehr systematisch und bestand darauf, dass man zuerst die Anforderungen des achtgliedrigen Ashtanga-System beherrschen soll, bevor man sich dem Aspekt des reinen Bhakti wirklich nähern kann. Er war sehr strikt diesbezüglich. Zuerst hat man den achtgliedrigen Yoga perfekt zu beherrschen, dann kann man Bhakti praktizieren. Allerdings war bereits der achtfache Yogapfad mit Bhakti-Elementen versehen. Quasi als Grundlage der Yogapraxis muss bereits Hingabe an Gott vorhanden sein. Also, der Pfad des Vaishnava ist Ashtanga bzw. Bhakti Yoga.

Für den Shaiva, den Anhänger Shivas, bedeutet der praktische Weg das Praktizieren von Hata Yoga. Wenn die Menschen in der westlichen Welt heutzutage den Begriff Hata Yoga hören, denken sie nur an Asanas, also an Köperübungen, an Yoga-Stellungen und Bewegungen. Jeder gewöhnliche Yoga-Lehrer im Westen stellt das so dar und jeder gewöhnliche Yoga-Lehrer erzählt damit etwas Falsches! Hata Yoga ist eine eigene Form des Yoga, die sich strikt vom Ashtanga (bzw. Bhakti) Yoga unterscheidet. Hata Yoga hat seine eigene Tradition, mit eigenen Lehrern (Gurus) und einer eigenen Entstehungsgeschichte. Und wer, glaubt ihr, ist der Gründer der Hata-Yoga-Tradition? Auch wenn ihr es nicht genau wisst, solltet ihr es, aufgrund des bisher Gesagten, raten können. Der Gründer des Hata Yoga ist natürlich Shiva selbst. Er lehrte es als Erster. Es ist daher absolut naheliegend und macht Sinn, dass es sich beim Hata Yoga um den praktischen Übungsweg der Anhänger Shivas handelt, also derjenigen, die an Selbsterkenntnis interessiert sind.

Wer ist in heutiger Zeit der bekannteste Lehrer der Philosophie des Ashtanga Yoga? Das ist Patanjali, der Autor der Yoga Sutras. Und wer steht hinter der Inkarnation von Patanjali, was ist seine wahre Identität? Wer war Patanjali wirklich? Er schieb nicht nur die Yoga Sutren, sondern auch andere vedische Texte. Patanjali ist in Wahrheit Ananta Sesha, das kosmische Schlangenwesen, auf dem Vishnu immer dann ruht, wenn er gerade keine Universen erschafft. Ananta Sesha steht also in enger Verbindung zu Vishnu, daher lehrt er den Ashtanga Yoga für diejenigen, die Vishnu, das Absolute, also Gott, erkennen möchten.

Wie sieht nun der Übungsweg der Shaktas aus, also derjenige, die Shakti verehren und den Lehren des Shaktismus folgen? Für die meisten von ihnen ist Tantra Yoga der Übungsweg, natürlich verbunden mit einer Reihe von Yoga-Übungen und Meditationen etc.

Interessant ist generell, dass die drei unterschiedlichen Wege im Bereich der konkreten Praxis und insbesondere im Bereich der praktischen Übungen sehr viel Austausch untereinander pflegen. Es ist daher so, dass die Anhänger des Shaktismus nicht nur Tantra praktizieren, sondern auch Yoga-Übungen und Meditationen. Und umgekehrt heißt einer der wichtigsten Vaishnava-Texte Lakshmi-Tantra! Das ist nur ein Beispiel, aber es zeigt, dass die unterschiedlichen Wege sich gegenseitig etwas geben bzw. etwas voneinander nehmen. Man sieht, dass verschiedene Übungen und Disziplinen gemeinsam genutzt bzw. miteinander geteilt werden, aber die Hauptausrichtung ist ganz radikal unterschiedlich! Das ist das Entscheidende! Der Schwerpunkt, die zentrale Ausrichtung, ist vollkommen verschieden! Das verhält sich ähnlich wie bei der vedischen Spiritualität und dem Buddhismus. Auch hier sieht man Gemeinsamkeiten. Aber in was unterscheiden sie sich? Hinsichtlich der Zielsetzung! Ist es nicht so, dass Buddhisten ebenso wie vedische Yogis Meditation üben, Mantras rezitieren usw., usw.? Ja, das tun sie! Aber verfolgen sie das gleiche Ziel? Absolut nicht! Und genauso verhält es sich bei den drei vedischen Wegen. Man sieht durchaus Gemeinsamkeiten bei den praktischen Übungen, aber die Ziele sind vollkommen anders.

Wir wollen noch einen weiteren Aspekt betrachten, nämlich die jeweils maßgeblichen vedischen Schriften für die drei unterschiedlichen Wege.

Für die Vaishnavas, die Anhänger Vishnus, also diejenigen, die Brahman, das Absolute, erkennen wollen, ist die Prasthana Traya die herausragende und wichtigste Sammlung von Schriften. Zu dieser Sammlung zählen: die Brahma Sutras, die Bhagavad Gita und die Upanischaden. Das sind zwar nicht die einzigen, aber die bei weitem wichtigsten Texte für die Vaishnavas. Wenn man Brahman erkennen will, dann sind das die Texte, auf die man sich konzentrieren muss.

Kommen wir zu den Shaivas, den Anhänger Shivas, also denjenigen, die das Bewusstsein und damit insbesondere das eigene Selbst erkennen wollen. Diese Gruppierung gibt es erst seit ca. 2.000 Jahren, was in vedischen Zusammenhängen sehr jung ist. Die Anhänger Shivas sind so etwas wie eine Imitation der Anhänger Vishnus. Bei den heiligen Schriften der Shaivas, den sog. Shiva-Agamas, handelt es sich nicht um vedische Texte im eigentlichen Sinn, sie sind daher nur den Shiva-Anhängern heilig. Sie gehören aber nicht zum Kanon der vedischen Texte.

Und letztlich diejenigen, die Shakti verehren, die Shaktas. Hier ist bei den heiligen Texten in erster Linie das Devi Bhagavata Purana zu nennen und verschiedene sog. Tantras, die die verschiedenen Aspekte der Göttin als Kali oder Durga oder Shakti betrachten und sich darüber hinaus mit der Erweckung der Kundalini-Energie befassen usw.

Nachdem wir uns die drei vedischen Wege nun etwas genauer angesehen haben, kommen wir noch einmal zurück zu der

Frage: Warum gibt es diese drei Wege? Was ist der Grund dafür?

Und dabei sehen wir, wenn wir uns die drei Wege im jeweiligen Kern ansehen, dass sie mit den unterschiedlichen psychologischen Strömungen der menschlichen Natur korrespondieren. Die drei Wege repräsentieren drei unterschiedliche, religiös-psychologische Ausrichtungen im Menschen. Und das gilt universal, unabhängig von der jeweiligen Kultur. Mit anderen Worten: Wenn man sich die Menschen ganz allgemein ansieht, dann werden die meisten, sofern sie irgendeine Art von Spiritualität praktizieren, in eine dieser drei Gruppen eingeteilt werden können. Und das ganz unabhängig davon, welcher Religion sie folgen, welche Nationalität sie haben, in welcher historischen Epoche sie sich befinden usw., die weitaus meisten fallen in einen der drei individuellen Wege. Oder anders ausgedrückt: Was sucht eine spirituell orientierte Person tatsächlich? Nun, einige streben danach, eine Art von psychischer Kraft, mystischer Energie oder auch Kommunikation mit der feinstofflichen Welt und den kosmischen Kräften zu erreichen. Wir sehen viele Menschen, die genau das anstreben, ganz besonders in der sog. New-Age-Bewegung. Für diese Menschen ist genau dies das Einzige, um das es ihnen geht. Die Entwicklung der persönlichen psychischen Kräfte und eine Art materieller und spiritueller Freude, Seligkeit und Wohlergehen. Gespräche über Gott finden da eher nicht statt.

Dann gibt es Personen, für die das Ziel ihres Weges ebenfalls sehr selbstbezogen ist, allerdings auf eine mehr spirituelle Weise. Da geht es darum: Ich will mich selbst erkennen! Ich will entdecken, wer und was ich bin! Aber all das sehr egozentrisch und auf das eigene Gemüt bezogen. Möglicherweise wird gelegentlich auch von Gott gesprochen, aber eher als ein Lippenbekenntnis, nicht als Ziel des Weges. Und wenn diese

Personen mit dem Gedanken konfrontiert werden, dass das eigene Selbst etwas mit Gott zu tun hat, wird das eher beiseite gewischt. Stattdessen wird die Selbstverwirklichung als das höchste Ziel betrachtet. Wenn man diejenigen, die an Spiritualität interessiert sind, psychologisch betrachtet, findet man nicht wenige Personen, die in diese Kategorie fallen.

Und dann gibt es eine kleine Minderheit von Personen, die tatsächlich das Höchste, das Absolute, Brahman, also Gott suchen. Wenn man diese Menschen fragt, warum sie sich auf ihren spirituellen Weg gemacht haben, antworten sie nicht, dass sie Selbsterkenntnis suchen, oder Freude und Wohlergehen anstreben, weil sie das in ihrem Leben bisher vermisst haben. Das ist mit Sicherheit nicht ihre Antwort. Ihre Antwort lautet vielmehr: Ich bin auf meinem spirituellen Weg, weil ich verstanden habe, dass es einen Ursprung, eine Quelle gibt, die mich hervorgebracht hat. Und viel interessanter, als mich selbst zu erkennen, ist es für mich, diese Quelle kennenzulernen. Weil ich verstanden habe: Wenn ich die Quelle erkannt habe, kenne ich automatisch auch mich selbst! Und zwar viel besser, als wenn ich mich von vornherein auf Selbsterkenntnis konzentriert hätte. Das ist der Pfad der Vaishnavas, der Anhänger Vishnus, des Absoluten. Das ist der Pfad derjenigen, die wirklich das Höchste erkennen wollen, die Quelle des gesamten Seins, die Quelle des eigenen Selbst, die Quelle der Welt, die Quelle all der kleinen und großen mystischen Kräfte, die wir entwickeln können, denn all dies ist nichts im Verhältnis zur eigentlichen Quelle. Wie lächerlich ist es, wenn es jemand schafft, ein wenig zu levitieren und ein paar Zentimeter über dem Boden zu schweben. Gott stattdessen bewirkt, dass jeder Planet in diesem Universum perfekt an seinem Platz schwebt. Ich möchte lieber diesen allmächtigen Gott kennenlernen, und falls ich danach ein bisschen levitieren lerne, ist das schön. Aber viel interessanter für mich ist die Frage: Wer ist diese göttliche Person, die jeden einzelnen Planeten so perfekt auf seiner Bahn schweben lässt?

So also sieht das wunderbare System des Sanatana Dharma und der vedischen Zivilisation aus. Dort wird die menschliche Psychologie verstanden und die daraus resultierenden Unterschiede zwischen den Menschen. Es werden sogar die Unterschiede zwischen den Menschen verstanden, die sich auf spirituellen Wegen befinden. Und weil das so ist, stellt sich die Frage, wie gehen wir mit diesen Unterschieden um? Sollen nur diejenigen erfolgreich sein können, die nach dem höchsten Ziel streben und alle anderen gehen leer aus? Nein, es wurden drei Wege geschaffen, auf denen jeder das erreichen kann, was er anstrebt. Letztendlich ist es natürlich das Ziel, dass auch diejenigen, die jetzt nach etwas Geringerem streben, irgendwann erkennen, dass das eigentliche Ziel das Höchste Sein, das Absolute, ist. So sieht die Gnade und die Barmherzigkeit Gottes aus!

Viele Religionen heutzutage behaupten von sich, dass sie der einzig richtige Weg zu Gott sind. Entweder man folgt ihnen, oder man landet in der Hölle. So verhält es sich im Sanatana Dharma nicht. Hier heißt es: Folge dem Pfad zur Gotterkenntnis, oder, wenn du das nicht willst, kannst du auch diesem oder jenem Pfad folgen, um das zu erkennen, was dir wichtig ist. Du wirst dann zwar nicht Gott erkennen, aber du wirst andere Erkenntnisse haben. Und vielleicht wirst du irgendwann später einmal, wenn du müde bist, dich um mystische Kräfte zu bemühen, dich um Gotterkenntnis kümmern, dann kannst du auf den entsprechenden Pfad, den höchsten Pfad, wechseln. Genau das ist Sanatana Dharma: Hierarchie auf der einen Seite und Barmherzigkeit für alle auf der anderen Seite. In der modernen Welt sagt man: Um Barmherzigkeit für alle zu haben, schaffen wir die Hierarchie, die Intelligenz und die Philosophie ab. Wir beenden jede Unterscheidung und überhaupt alle Unterschiede und machen alle und alles sprichwörtlich gleich und das nennen wir dann Gerechtigkeit. In Wahrheit wird das jedoch niemandem gerecht, weil damit alle vorhandenen Wege ausgelöscht werden. Sanatana Dharma sagt dagegen: Ja, der Weg zu Gott ist schmal und steil, aber es wird niemand verdammt, der ihm heute nicht folgt, denn irgendwann, wenn du bereit bist, wirst auch du diesen Weg beschreiten. Erst wenn du bereit bist, nicht eher. Denn es wäre keine Gnade, wenn jemand, der nicht bereit ist, auf diesen Weg gezwungen würde. Er würde sofort wieder herunterfallen, oder er würde so entmutigt, dass er nie wieder etwas davon wissen will. Darum glauben wir an Reinkarnation und wir erkennen, dass Reinkarnation vollkommen logisch ist. Wir erkennen ebenfalls, dass es absolut richtig ist, die gleichmacherischen Ideen des radikalen Universalismus vehement zurückzuweisen. Denn es gibt in der Tat unterschiedliche Pfade und nur einen schmalen Pad zur Gotterkenntnis. Aber du hast so lange Zeit, wie du brauchst, um dich für diesen Pfad zu entscheiden. Denn du kommst gar nicht auf diesen Pfad, bevor du dazu bereit bist, und notfalls hast du die Unendlichkeit, um dich darauf vorzubereiten. Man sieht also wieder diese wunderbare Kombination: auf der einen Seite unendliche Gnade und Geduld, aber auf der anderen Seite wirst du auch nicht wie ein dummes Kind behandelt. Es ist nicht alles gleich und egal. Wenn du so weit bist, wirst du auf den Weg zu Gott gelangen, und dafür hast du die Zeit, die du brauchst.

Der höchste Erleuchtungszustand, den ein Yogi erreichen kann, ist der Zustand, in dem sein Bewusstsein dauerhaft in Gott (Narayana) verankert ist. Verankert in Gott zu sein bedeutet, vollkommenes Gottes-Bewusstsein zu erlangen, um sich Gott ganz und gar hinzugeben. Dies ist das letztendliche Ziel des Yoga. (Sri Dharma Pravartaka Acharya)

Der Pfad der Hingabe

Ich möchte heute über eines der wichtigsten Konzepte des Sanatana Dharma und der Yoga-Spiritualität überhaupt sprechen, und zwar über Prapatti. Das ist die Idee der Selbsthingabe an das Absolute. Ihr habt mich bereits viele Male darüber sprechen hören und ich bin sicher, dass ihr auch anderweitig schon davon gehört habt. Nicht nur im traditionellen Sanatana Dharma, sondern auch im traditionellen Christentum gibt es diese Idee, dass der Weg zum Erkennen des Absoluten letztlich darin besteht, sich dem Absoluten hinzugeben. Ich möchte genau hierüber heute ein wenig sprechen.

Ich habe den folgenden Vers aus der Bhagavad Gita schon oft zitiert:

Gib alle Arten von Religion auf und gib dich einfach mir hin. Ich werde dich von allen sündhaften Reaktionen befreien. Fürchte dich nicht. (Krishna: Bhagavad Gita, 18/66)

Dies ist der Höhepunkt und die Zusammenfassung der gesamten Bhagavad Gita. Hier sagt Krishna persönlich zu seinem Freund, Arjuna:

Gib alle Arten von Religion auf und gib dich einfach mir hin. Ich werde dich von allen sündhaften Reaktionen befreien. Fürchte dich nicht.

Dies ist der machtvollste Vers in der ganzen Bhagavad Gita. Und das aus verschiedenen Gründen. Da ist zuerst einmal die unglaubliche und eigentlich in sich selbst radikal widersprüchliche Tatsache, dass Gott selbst sagt: Gib alle Arten von Religion auf! Die meisten Menschen können das nicht verstehen. Was bedeutet es, wenn Gott selbst sagt: Gib alle Arten von

Religion auf! Was meint er damit? Gott sagt damit nicht: Werde ein Atheist! Er spricht davon, die Religionen aufzugeben, er spricht nicht davon, die Spiritualität aufzugeben. Er meint das Aufgeben der menschengemachten Religionen! Gib all das auf, von dem du meinst, dass es dich zu Gott bringen wird. All das ist unnütz, denn es ist menschengemacht, oder ein Konstrukt unserer eigenen Vorstellungen.

Wenn Krishna sagt: Gib alle Arten von falschen religiösen Vorstellungen auf, dann spricht er nicht nur von den großen Konfessionen, an die wir zuerst einmal denken, also zum Beispiel: Christentum, Islam etc. Nein, er spricht insbesondere auch von den Menschen, die ganz mutig von sich sagen: Ich bin nicht religiös, ich bin vielmehr spirituell! Die Wahrheit ist doch, dass sehr viele von den sogenannten spirituellen Menschen sich ihre eigene Religion in ihrem eigenen Kopf nach Gutdünken konstruieren. Vielleicht nennen sie es nicht einmal Religion, aber dennoch konstruieren sie irgendetwas Künstliches in Übereinstimmung mit ihrer persönlichen Meinung und ihrem individuellen Verlangen. Das ist eine menschengemachte Religion! Möglicherweise gibt es keine Kirche, in der man sich persönlich trifft, aber man hat eine Religion, ein Dogma, dem man innerlich folgt. Im eigenen Denken. Das gilt also auch für die New-Age-Leute, die von sich behaupten, nicht religiös, sondern spirituell zu sein. Viele von diesem Menschen haben ihre eigene Pseudo-Religion geschaffen und manche versuchen gelegentlich auch, danach zu leben. Oft nicht einmal das.

Wenn Krishna, also Gott persönlich, diese radikalste aller Aussagen in der Geschichte der religiösen Literatur macht und zu Arjuna sagt: Gib alle Arten dieser Form von Religion auf!, dann spricht er ganz direkt zu jedem einzelnen von uns! Auch wenn wir nicht Mitglied irgendeiner organisierten Kirche sind, der Methodisten, der Katholiken oder welcher Kirche auch immer. Er spricht zu uns und sagt: Lass alles künstlich Gemachte los, auch dann, wenn du es als Spiritualität bezeichnest! Tue stattdessen das Radikalste, das überhaupt möglich ist! Gehe zur Wurzel, zur Essenz dessen, was die Bedeutung von Religion und Spiritualität ausmacht. Und was ist diese Essenz? Es ist eine sehr einfache Botschaft!

Wegen dieser Botschaft ist Jesus am Kreuz gestorben! Wegen dieser Botschaft hat der Buddha seine Lehre verkündet! Wegen dieser Botschaft sind die Rishis und die Yogis gekommen, um uns zu unterrichten, und wegen dieser Botschaft kamen all die Mystiker im Verlauf der Geschichte. Alle wollten uns die eine Sache lehren: Höre auf, selbstsüchtig zu sein – tue das Gegenteil! Höre auf, dein Ego auszuleben – tue das Gegenteil! Höre auf, dich selbst zum Zentrum der Wirklichkeit zu machen – gib stattdessen dein Selbst dem Absoluten hin! Das ist die wahre Bedeutung von Religion! Das ist die wahre Bedeutung von Spiritualität! Nur darum geht es!

Spiritualität, Spiritualität, Spiritualität und noch einmal Spiritualität! Dieses Wort ist zum bedeutungslosesten Mantra unserer Zeit geworden! Was ist stattdessen wahre Spiritualität? Das ist die einfache, aber radikale Veränderung von: Ich, Ich, Ich, also Ego, Ego, Ego, oder auch: ich bestimme, ich bestimme, und stattdessen hin zum: Dein Wille geschehe! Nur Gottes Wille zählt! Sogar dann, wenn es meine persönlichen Gefühle nicht sofort im vollem Umfang befriedigt! Sogar dann, wenn ich mir nicht sicher bin, ob ich mit Gottes Meinung in diesem oder jenem Punkt übereinstimme! Denn Gott hat keine Meinungen, Gottes Essenz besteht aus der Wahrheit! Meinungen verschwinden vor Gott! Meinungen sind wie Schatten! Subjektive Meinungen sind Schatten, aber Gott ist die Sonne! Im Angesicht der Wahrheit verschwinden die Meinungen! Wahrheit ist das Fundament von jedem einzelnen Atom der Realität.

Diese Wahrheit, die Gott ist, ist das Fundament und der Träger unseres gesamten Seins! Es ist diese Wahrheit, die wir als ewiges Wesen sind, jetzt, in diesem Körper und auch wenn der Körper abgelegt wird und wir fortbestehen! Diese Wahrheit, also Gott, ist die Grundlage unserer Essenz als ewige Seele! Und genau dieser Wahrheit geben wir uns hin!

Wir unterwerfen uns nicht der Meinung von irgendjemandem! Wir unterwerfen uns keinem Kult! Wir unterwerfen uns keiner Religion! Wir unterwerfen uns nicht einmal unserem eigenen Ego! Stattdessen geben wir uns dem hin, was das Fundament von Allem ist! Das ist die natürlichste Sache der Welt. Das ist die wahre Bedeutung davon, die Wirklichkeit anzunehmen und zu akzeptieren! Das ist die wahre Akzeptanz von Dharma, dem natürlichen Gesetz des Seins. Was könnte einfacher sein und was könnte zugleich radikaler sein als die Selbsthingabe an das Absolute? Und genau das hat Krishna zu Arjuna gesagt!

Gib alle Arten von Religion auf und gib dich einfach mir hin. Ich werde dich von allen sündhaften Reaktionen befreien. Fürchte dich nicht. (Krishna: Bhagavad Gita, 18/66)

Gib alle Arten von Dharman auf! Wir haben den Begriff Dharman hier mit Religionen übersetzt, das ist auch richtig, aber eigentlich ist das Ego gemeint: Gib das Ego auf! Was ist die Grundlage des Künstlichen? Was ist die Grundlage des Nicht-Realen? Was ist die Grundlage der menschengemachten Religion? Inclusive der kleinen Religionen, die wir für uns selbst in unseren keinen New-Age-Gehirnen schaffen? Die Grundlage von all dem ist das Ego! Was sagt Krishna also tatsächlich? Gib das Ego auf, ein für alle Mal und gib dich einfach mir hin! Gib dein Selbst auf! Nicht 90 Prozent davon, nicht 99 Prozent, nein, wir geben uns zu 100 Prozent dem Göttlichen hin! Mit Vertrauen! Mit Liebe! Mit gesundem, wahrem Glauben! Wissend und verstehend, wem ich mein Selbst hingebe. Etwa einem anderen Menschen? Der mich verletzten wird, wie es bereits viele Menschen getan haben? Einer anderen fehlerhaften Person! Nein! Wenn du dich umsiehst, wenn du die Welt bereist und dich dabei bemühst, so viel wie möglich zu sehen, zu hören und wahrzunehmen, so viel du überhaupt kannst, und dann bedenkst: Gott ist die Quelle und das Fundament von all dem! Reise zu anderen Sternen und Universen! Gott ist die Quelle und das Fundament von all dem! Denke jeden Gedanken, den du denken kannst. Lese alle Bücher dieser Welt, die alle menschlichen Gedanken und Vorstellungen seit dem Beginn der Geschichte beinhalten! Gott ist die Quelle und das Fundament von all dem! Diesem Gott geben wir uns hin! Gott braucht unsere Hingabe nicht! Aber er erlaubt uns, uns selbst hinzugeben, aus Liebe, die er für uns empfindet! Das bedeutet Prapatti! Das bedeutet Hingabe!

So, nachdem ich all das gesagt habe, merken wir: all das ist leichter gesagt, als getan! Stellt sich die Frage: Wie führen wir diese radikale Hingabe aus? Nämlich anstelle des ewigen: Ich, Ich, Ich, jetzt plötzlich: Du, Du, Du zu denken und zu sagen? Wie machen wir das? Viele von euch werden mir theoretisch vielleicht zustimmen und sagen: Ja, das ist es, was ich will! Ich will Gott erkennen und ich will mich Gott hingeben! Ich möchte Gott besser als mich selbst kennen! Aber wie machen wir das? Es gibt diesen wunderbaren und wunderschönen Vers aus dem Srimad Bhagavatam. Es ist ein berühmter Vers, der bei Hindu-Veranstaltungen auf der ganzen Welt sehr oft rezitiert wird, weil er so berühmt und so wunderschön ist. Es handelt sich um ein Gebet. Und wir beten dabei zu Gott, dass wir uns ihm hingeben, mit allem, was wir sind! Ich möchte diesen Text kurz mit euch besprechen.

O Sriman Narayana, (Oh allmächtiger Gott) alles, was ich gemäß meiner eigenen Natur tue, sei es mit meinem Körper, mit meinen Worten, mit meinem Geist (Mind), mit meinen Sinnen oder mit meiner Intelligenz, biete ich Dir als Gabe und zur Freude an. (Srimat Bhagavatam, Canto 11/2/36)

Wie in vielen dieser Verse wird Gott hier nicht als philosophisches Konstrukt betrachtet, vielmehr wird Gott als Person gesehen! Gott ist eine Person! Wenn wir selbst Personen sind, wie kann Gott dann weniger sein als wir? Gott ist selbstverständlich auch eine Person und darum wird Gott hier in einer sehr persönlichen Weise angesprochen, mit dem Namen Narayana. Das ist die erste wichtige Sache beim Konzept der Hingabe. Wenn wir aufgefordert werden, uns einer abstrakten Sache hinzugeben, zum Beispiel: Hingabe an die Freiheit, Hingabe an die Wahrheit oder Hingabe an irgendetwas, wie soll das geschehen? Man kann sich nicht wirklich einem abstrakten Konzept hingeben. Man kann sich nicht der Luft hingeben! Es gibt keine Hingabe an etwas Abstraktes, das einen umgibt.

Stattdessen sollen wir uns dem göttlichen Zentrum der gesamten Realität hingeben. Und hier wird dieser göttlichen Instanz der Name Narayana gegeben. Wie ihr wisst, lautet eines der Hauptmantren, die wir benutzen: Om Namo Narayanaya. Hier ist dieser gleiche Narayana gemeint! Und warum ist das so? Weil es sich hier um einen der Namen Gottes handelt! Und es ist ein besonders schöner Name! Er wird ganz speziell benutzt für Gott in seiner Eigenschaft als Erhalter aller Wesen. Der Erhalter aller Wesen. Ich habe schon öfter darüber gesprochen. Wir wollen das Fundament des Seins, den Erhalter aller Wesen, die Herkunft der Realität erkennen. Genau das bedeutet der Name Narayana. Und darum wird hier ganz explizit gesagt: Gib dich dem Wesen hin, dass der Erhalter von Allem ist! Hier ist nicht einfach von irgendjemand die Rede. Es geht nicht einfach um diese oder jene Person. Und es geht auch nicht um irgendein universelles Konzept. Sogar wenn wir sagen: Gib dich Gott oder dem Göttlichen hin. Das ist auch noch zu abstrakt! Aber hier heißt es: Gib dich Narayana, dem Erhalter aller Realität, hin! Ganz klar definiert!

Lasst uns weitergehen:

... alles, was ich gemäß meiner eigenen Natur tue, ... biete ich Dir an ...

Dies ist ebenfalls sehr wichtig, denn dieser kleine Satz berücksichtigt, dass wir alle einzigartige Individuen sind. Und das ist immer so und bleibt auch immer so! Sogar nach unser Befreiung oder Erleuchtung bleiben wir einzigartige Individuen. Wir verlieren unsere Einzigartigkeit nicht! Wir bleiben die uns innewohnende individuelle Wesenheit, die wir sind! Darum ist dieser kurze Satz in diesem Gebet ganz wichtig!

... entsprechend meiner Natur ...

Gemeint ist: in Übereinstimmung mit dem, der ich bin!

So, jetzt kommen wir zu dem, was es ganz genau bedeutet, sich dem Absoluten hinzugeben! Wie machen wir das also?

... mit meinem Körper ...

Wir benutzen dazu erstens unseren Körper! Und wie geschieht das? Wir sind zwar in physischen Körpern, aber wir sind nicht der Körper. In gleicher Weise, wie wir kein Auto sind, obwohl die meisten von euch sicher in einem Auto hierhergekommen sind. Nicht wahr! Ein Auto ist ein Werkzeug. Wir wissen, dass wir nicht das Auto sind, und wir wissen zugleich, dass das Auto ein Werkzeug für uns ist. Wie viele von euch machen mit ihren Autos gute Sachen? Wie viele benutzen das Auto, um z.B. Essen zu hungrigen Menschen zu bringen? Wie viele bringen jemanden zum Arzt oder zum Krankenhaus, wenn das für die Person erforderlich ist? Wir können Werkzeuge auf eine eigennützigen Art und Weise oder eine neutrale Art und Weise nutzen, wir können Werkzeuge aber auch dazu benutzen, anderen zu helfen. Auf diese Weise können wir unseren Körper ebenfalls dazu benutzen, dem Göttlichen zu dienen. Und wie? Nun, zuerst einmal, indem wir Yoga praktizieren und indem wir uns dabei selbst auf diese Weise Stück für Stück transformieren, sodass wir immer mehr in Übereinstimmung mit dem Dharma, dem natürlichen geistigen Gesetz, leben. Außerdem können wir unseren Körper im direkten Dienst (Seva) nutzen. Ich habe beispielsweise viele Jahre damit verbracht, Tempel zu reinigen. Als junger Mönch benutzte ich meinen Körper, um Gott zu dienen. Ich wollte Service (Seva) tun, um Gott zu dienen! Körperlichen Dienst! Ich reinigte die Tempel. Und ich trug große Kisten mit Büchern, es waren Exemplare der Bhagavad Gita, von denen ich wusste, dass sie irgendwann an die Menschen verteilt werden würden. Man kann seinen eigenen Körper dazu benutzen, freiwillige Arbeit zu tun, um Gott zu dienen. Auch wenn wir Gott unsere Ehrerbietung entgegenbringen, zum Beispiel während einer Andacht (Puja). Wenn ich mich flach auf den Boden lege, um Gott meine Ehrerbietung zu geben, dann nutze ich meinen Körper, um mich dem Absoluten hinzugeben. Auf so viele

Weise können wir unseren eigenen Körper zur Hingabe nutzen!

… mit meinen Worten …

Können wir unsere Worte benutzen, um Gott zu dienen? Was mache ich denn gerade? Ich benutze meine Worte! Ich gebe meine Worte Gott, dem Absoluten, hin! Warum ist das so? Weil ich euch weder etwas über Fußball erzähle, noch darüber berichte, was dieser oder jener Prominente gerade getan hat, stattdessen benutze ich meine Worte, um Gott zu dienen. Das ist etwas, was wir alle im täglichen Leben tun können. Wir können unsere Worte so einsetzen, dass das, was wir sagen, Bedeutung hat! Worte sind heilig! Sprache und Stimme sind heilig! Es ist faszinierend, denn es gibt sogar eine Göttin der Stimme! Und von dieser Göttin, mit Namen Vach, ist das (englische) Wort für Stimme (Voiche) abgeleitet. Die Göttin Vach, oder auch Vagdevi, ist die Göttin der Stimme bzw. der Sprache. Also, wir können unsere Sprache, unsere Worte, dafür einsetzen, Menschen zu verletzen, oder neutral über irgendetwas Belangloses zu sprechen, oder wir können unsere Sprache dazu nutzen, eine positive Veränderung der Welt herbeizuführen und anderen in der Welt zu helfen. Wir können zum Beispiel über Gott sprechen und das auf eine Art und Weise, dass unsere Sprache selbst göttlich wird.

So, kommen wir zum nächsten Punkt, um uns dem Absoluten hinzugeben.

… mit meinem Geist (Mind) …

Können wir unseren Geist zur Hingabe an Gott benutzen? Können wir mit unserem Geist dem Absoluten dienen? Selbstverständlich! Mit unserem Geist steuern wir z.B. unseren Körper, unser Geist ist ebenso dafür verantwortlich, was wir sagen und tun. Aber auch in der Meditation ist der Geist die entscheidende Instanz. Der Geist ist das mächtigste Werkzeug, das wir haben, er ist großartig! Ohne den Geist können wir überhaupt nichts machen. Und trotzdem ist der Geist bei vielen von uns vollkommen außer Kontrolle. Dann wird der Geist zu unserem Feind und ist nicht länger unser Freund. Krishna hat in der Bhagavad Gita selbst gesagt, dass der Geist unser bester Freund oder unser größter Feind sein kann.

Für den, der den Geist bezwungen hat, ist der Geist der beste Freund; doch für den, der dies versäumt hat, wird der gleiche Geist zum größten Feind. (Krishna: Bhagavad Gita, 6/6)

Wenn der Geist nicht unter unserer Kontrolle ist, wenn er in uns ständig nur plappert und plappert und plappert und immerzu Phantasien spinnt usw., dann ist der Geist unser Feind! Weil er uns davon abhält, das zu tun, was wir tun sollten. Und wie gehen wir damit um? Wir sorgen dafür, dass der Geist unser Freund wird! Wir kontrollieren den Geist. Und wie machen wir das? Durch die Meditation! Durch ständiges Üben der Meditation. Durch die Anwendung dieser Mittel nutzen wir unseren Geist im Dienst und in der Hingabe an Gott, das Absolute. Es gibt ein wunderschönes Gedicht von einem Hindu-Heiligen, in dem es im Wesentlichen darum geht, dass er zu Gott betet und sagt: Mein Herr, mein Geist besteht aus Blütenblättern und ich lege sie Dir zu Füßen! Was für ein wunderschöner Gedanke! Etwas, Gott zu Füßen zu legen, das für uns eine so wertvolle Sache ist wie unser Geist, mit dem wir uns so sehr identifizieren! Und auf ähnliche Weise identifizieren wir uns oft auch mit unserem Körper, manchmal identifizieren wir uns sogar mit unseren Autos! Wir identifizieren uns mit all diesen Dingen so sehr, auch mit dem Geist! Was beutet es also, wenn wir zu Gott beten und ihm sagen: Alles, was ich habe, alles, was mir wertvoll ist, alles, mit dem ich mich falscher Weise identifiziere, all dies was ich als meine Werkzeuge gebrauche, alle diese Dinge: meinen Körper, meine Stimme und meinen Geist selbst, ich betrachte all das wie Blütenblätter, die ich Dir in Ehrfurcht zu Füßen lege. Das ist Hingabe! Diese Haltung versuchen wir so umfassend wie möglich zu kultivieren! Der Geist ist also gleichfalls etwas, das wir Gott, dem Absoluten, hingeben wollen bzw. in seinem Dienst nutzen wollen.

Was haben wir als Nächstes:

… mit meinen Sinnen …

Mit unseren Sinnen Identifizieren wie uns häufig auch, obwohl es sich bei den Sinnen nur um so etwas wie Fenster handelt. Mehr sind sie nicht! Sie existieren, damit wir als Atman, als Seele, während unseres Aufenthalts in diesem Körper über das Gehirn, mit der Außenwelt kommunizieren und interagieren können. Das ist die Funktion der Sinne. Wir haben Augen, damit wir sehen, wohin wir gehen und nicht irgendwo gegen laufen. Wir haben Ohren, damit wir hören können, was um uns herum geschieht. Und so weiter. Nur dafür existieren unsere Sinne. Interessanterweise haben unsere Sinne aber noch eine zusätzliche Qualität. Sie haben die Möglichkeit, uns entweder Freude oder Schmerz zu vermitteln. Und als Ergebnis dieser zusätzlichen Eigenschaft nutzen wir unsere Sinne nicht wie neutrale Fenster, sondern wir konzentrieren uns auf die Freude oder auf den Schmerz. Und auf diese Weise werden wir zu Sklaven unserer Sinne. Wir folgen unseren Sinnen, egal wo sie uns hinführen.

Wenn wir den Geruch von gerade gebackenem Kuchen riechen, dann bewegt sich unser Körper ganz von selbst in die

Richtung, aus der er kommt, nicht wahr? Auch wenn wir wissen, dass wir den Kuchen nicht für eine gute und gesunde Ernährung brauchen. Aber trotzdem fühlen wir uns angezogen, weil es so gut riecht. Und dann essen wir den Kuchen! Tausend Beispiele dieser Art gibt es. Genau wie der Körper und der Geist können die Sinne ein Freund oder aber ein Feind für uns sein, sofern wir sie nicht als ein neutrales Werkzeug benutzen. Wie transzendieren wir nun unsere Sinne? Wie bringen wir unsere Sinne dem Göttlichen, dem Absoluten, dar?

Es ist in diesem Zusammenhang interessant, dass die vedische Spiritualität, der vedische Weg zu Gott, bereits für sich selbst betrachtet ein sehr sinnenfroher und sinnenbezogener Pfad ist! Man sieht das sofort, wenn man einen Hindu-Tempel besucht. Sowohl hier im Westen, aber ganz besonders in Indien selbst. Das erste Mal, als ich einen Hindu-Tempel besucht habe, war ich 14 Jahre alt. Und es geschah in Queens in New York. Das allererste, was ich damals erlebte, war, dass bereits beim Betreten des Tempels alle meine Sinne überwältigt wurden! Ich ging in den Tempel und roch als erstes den wundervollen Duft all des Räucherwerks, das dort überall abgebrannt wurde. Dann hörte ich die Sanskrit-Mantren und Gesänge der Priester (Brahmanas) und dachte, was ist das für ein wunderbarer Klang. Zugleich schaute ich mich um und sah überall diese Schönheit um mich herum, wundervolle Statuen und wundervolle Bilder. Meine Sinne waren einfach überwältigt von all dieser Schönheit. Das ist die Art von Sanatana Dharma, die Art von vedischer Spiritualität. Darum ist es so, dass jemand, der einen vedischen Tempel betritt, zuerst einmal vom Duft des Räucherwerks berührt wird. Dem süßen Duft des Räucherwerks. Man geht hinein und es gibt so viel zu sehen usw. Der Idee dahinter ist, die eigentlich neutralen Sinne dazu zu nutzen, uns spirituell zu erheben. Sie sollen uns helfen, uns zu transzendieren. Dies ist ein weiterer, bedeutender Aspekt des Sanatana Dharma!

Man kann seinen Köper benutzen, um sich selbst zu transzendieren. Darum gibt es Yoga-Übungen (Asanas)! Man kann seinen Geist benutzen, um sich selbst zu transzendieren. Darum übt man Meditation! Man kann seine Stimme benutzen, um sich selbst zu transzendieren. Darum benutzen wir Mantras! Und das geht auch mit den Sinnen. Wir können unseren Sinnen erlauben, uns in der Welt hin und her zu zerren, oder wir nutzen die Sinne, uns zu erheben. Wenn wir hier sitzen, riechen wir noch ein wenig von dem Duft, der Krishna dargebracht worden ist. Und das wiederum ist eine Hilfe für uns, an Krishna zu denken usw.

Kommen wir zum letzten Punkt

... mit meiner Intelligenz ...

Intelligenz ist eine sehr subtile Angelegenheit. Intelligenz steht über dem Geist. Intelligenz und Geist sind zwei unterschiedlichen Sachen in der Yoga-Psychologie. Geist wird einfach als ein Lagerhaus von Informationen betrachtet, wo all die Daten und Eindrücke gespeichert sind. Aber es ist die Intelligenz, die diese Daten nimmt und sie organisiert, also etwas mit ihnen macht. Intelligenz kann ebenfalls transzendiert werden. Wie geschieht das? Ganz grundsätzlich kann man sagen, dass es zwei verschiedene Kategorien von Intelligenz gibt.

Zum einen gibt es die sog. materielle, konkret faktenbezogene Intelligenz, die sich insbesondere auf das materielle Hier und Jetzt bezieht. Ich gebe euch ein Beispiel dafür Frage: Wo befinde ich mich jetzt? Antwort: Ich sitze auf diesem Stuhl! Man benutzt seine Intelligenz, um dies festzustellen. Ist das also wahr, dass ich hier auf diesem Stuhl sitze? Ja, das ist vollkommen korrekt! Und genau das ist auch die Natur des Wissens, aber nur des rein faktischen Wissens! Das bedeutet, es handelt sich nicht um ewiges Wissen. Es ist nicht notwendigerweise wahr. Es ist nur faktisch, jetzt und hier, auf der materiellen Ebene, wahr. Also, wo befinde ich mich? Ich sitze auf diesem Stuhl! Werde ich morgen früh um drei Uhr ebenfalls auf diesem Stuhl sitzen? Wahrscheinlich nicht! Hoffentlich schlafe ich dann. Also es ist faktisch wahr, aber gilt dieses Wissen für die Ewigkeit? Nein!

Jetzt kommen wir zur zweiten Form der Intelligenz. Hierbei handelt es sich um Intelligenz in Form von Weisheit! Wenn wir uns mit Intelligenz in Form von Weisheit befassen, haben wir sog. ewig gültige Intelligenz bzw. ewig gültiges Wissen vor uns. Also noch einmal die erste Frage: Wo befinde ich mich? Antwort: Ich sitze auf dem Stuhl! Das ist faktisch, für diesem Augenblick auf der materiellen Ebene, wahr! Und nun eine weitere Frage: Wer bin ich? Antwort: Ich bin ein ewiger Bewusstseinsfunke! Das ist für ewig wahr! Hier haben wir Wissen vor uns, das von Natur aus ewig gültig ist! Hier handelt es sich um Weisheit! Das ist eine Form höherer Intelligenz, auch genannt Buddhi! Ein Wissen, das unserem eigenen Sein innewohnt! Auch dies kann im hingebungsvollen Dienst für das Göttliche genutzt werden. Wir müssen sehr intelligent sein, wenn wir Fortschritte auf dem spirituellen Weg machen wollen. Wir müssen Urteilsvermögen besitzen. Wir müssen Verstand besitzen. Wir müssen die Fähigkeit besitzen, weise zu denken, und Weisheit erwerben, ewig gültiges Wissen. Und indem wir diese Fähigkeiten im Dienst für Gott nutzen, bringen wir Gott unsere Intelligenz selbst dar. Möge meine Intelligenz selbst wie ein schönes Blütenblatt zu Füßen Gottes liegen.

Für mich selbst gilt, wenn ich meine Bücher schreibe, wenn ich Artikel schreibe, wenn ich solche Vorträge wie diesen halte, dann nutze ich meine Intelligenz, um sie an das Göttliche hinzugeben. Ich benutze meine Intelligenz nicht dafür, einfach nur Geld zu verdienen, und ich benutze meine Intelligenz auch nicht für irgendwelche selbstbezogenen Dinge, sondern ich bringe sie dem Göttlichen dar. Ein solcher Vorgang wird auch als Atman-Nivedana bezeichnet. Das ist ein anderes Wort für die Selbsthingabe an Gott. Es gibt verschiedene Begriffe für den Vorgang der Hingabe. Ich habe ganz zu Beginn bereits das Wort: Prapatti, dafür benutzt. Dieser alternative Begriff: Atman-Nivedana, bedeutet noch einmal ganz buchstäblich, Hingabe des Atman, also des Selbst bzw. der Seele, an Gott.

Die einzige Möglichkeit, den Pfad der Hingabe wirklich zu verstehen, besteht darin, die Liebe zu verstehen. Wenn man die Liebe nicht versteht, kann man den Pfad der Hingabe nicht verstehen. Wenn du jemanden liebst, zum Beispiel dein Kind, was willst du ihm geben? Das Beste, natürlich! Wenn du ihm etwas zu essen gibst, wirst du ihm irgendein minderwertiges Zeug geben, das du irgendwo billig gekauft hast? Oder wirst du nicht, sofern dir das möglich ist, ihm das beste biologisch natürliche, frische, vollwertige Essen geben, das du bekommen kannst? Wenn du jemanden wirklich liebst, was würdest du ihm geben? Irgendetwas Drittklassiges oder Zweitklassiges, nein, du würdest ihm das Beste geben, wenn dir da möglich ist! Und wenn du das nicht tun kannst, würdest du dir dennoch wünschen, genau dies zu tun! Du würdest es tun, wenn du könntest. Das ist Liebe! Das ist Liebe!

Was bedeutet es nun, Gott wirklich zu lieben? Vielleicht haben wir jetzt eine kleine Ahnung davon bekommen, was mit der Hingabe an Gott wirklich gemeint ist! Was ist das Größte und Beste, was wir haben? Unsere Besitztümer sind damit auf keinen Fall gemeint, denn die gehören uns schon im nächsten Leben nicht mehr. Glaubt mir! Auch all die materiellen Faktoren, die uns ausmachen, können wir vergessen. Auch unser Körper wird uns im nächsten Leben nicht mehr zur Verfügung stehen. Was aber ist das Beste, das wir als Individuen haben? Es ist das, was wir sind! Wer wir sind! Unser Selbst! Atman! Kann irgendetwas zentralere Bedeutung haben und wichtiger sein als unsere Seele selbst? Was bedeutet es nun, Gott wirklich zu lieben? Dass wir Gott unser Bestes geben wollen! Was tun wir also? Atman-Nivedana! Wir geben uns selbst Gott hin!

Nachdem wir durch den ganzen Prozess der Selbsterkenntnis gegangen sind, bringt uns die Selbsterkenntnis an den Punkt der Befreiung, an den Punkt, ein erleuchtetes Wesen zu sein! Stellt euch das vor! Dass wir wirklich vollkommene Selbsterkenntnis besitzen und all unsere Illusionen verschwunden sind. Und auch damit sind wir nicht zufrieden, denn jetzt sagen wir: Ich kenne jetzt mein Selbst perfekt, aber ich habe außerdem Dich, Gott, kennengelernt, als die Quelle meines Selbst, und ich liebe Dich so sehr, dass ich mein Selbst, diesen wundervollen Bewusstseinsfunken, voll Glückseligkeit und Schönheit, Güte und Licht, symbolisch wie ein Blütenblatt der Hingabe zu Deinen Füßen niederlege. Atman-Nivedana! Ich gebe Dir mein Selbst hin. Das Beste, das ich bin. Was kann mehr Hingabe sein als das? Was ist vertrauensvoller als das? Was ist größere Liebe als das?

Sogar auf der materiellen Ebene fühlen wir oft in dieser Weise, wenn wir an jemanden denken, den wir lieben. Das kann ein Kind sein, oder jemand, mit dem wir in einer Beziehung stehen, wie auch immer. Manchmal denken wir: Oh Gott, ich liebe diese Person so sehr, ich würde alles, sogar mein Leben für sie geben. Oder wenn mein Kind irgendetwas benötigt, würde ich mein Leben dafür geben. Und dabei handelt es sich hier nur um Beziehungen auf der materiellen Ebene. Selbstverständlich soll das wertgeschätzt und anerkannt werden, sehr sogar. Aber letztlich ist das Kind nicht Gott! Das Kind ist nicht unser Ursprung, unsere Quelle. Der Ehemann, die Ehefrau oder wer auch immer ist nicht unser Ursprung, unsere Quelle. Unser bester Freund ist nicht unser Ursprung, unsere Quelle.

Selbsthingabe bedeutet letztendlich, dass wir dieses natürliche Empfinden zu einer so intensiven Liebe für Gott entwickeln, dass außer Gott für uns nichts mehr existiert.

Die Menschen fragen mich, was bedeutet es, in das Göttliche versenkt zu sein oder vom Göttlichen absorbiert zu werden. Bedeutet das, dass wir buchstäblich unser Selbst, unsere Identität, verlieren? Hier wird häufig ein Bild gebraucht, in dem wir mit einem Tropfen Wasser verglichen werden, der in den großen Ozean fällt, sich darin auflöst und verschwindet. Ist es das, was damit letztendlich gemeint ist, wenn wir Gott vollkommen erkennen und so etwas wie Gottesbewusstsein erreichen? Die Antwort lautet: Ja und nein!

Der beste Weg, den Vorgang zu verstehen, liegt darin, sich an jemanden in unserem Leben zu erinnern, den wir so sehr geliebt haben, dass wir alles für diesen Menschen tun würden! Und es fühlt sich beinahe so an, als wäre man diese Person. Man denkt ohne Unterbrechung an sie, und zwar ohne, dass wir das bewusst wollen, es geschieht von selbst, ganz natürlich. Man überlegt: Was kann ich tun, um diesen Menschen glücklich zu machen. Was kann ich tun, um dem Menschen zu helfen. Es ist fast so, als wärest du eins mit dieser Person. Und wenn du jetzt genau hinschaust, hast du dein Selbst verloren? Nein! Wenn es eine gesunde Beziehung ist, sollte genau das Gegenteil der Fall sein Du solltest Erfüllung darin finden! Eines der besten Beispiele ist vielleicht das der Mutter.

In vielen Traditionen wird gesagt: Wer liebt mehr als eine Mutter? Stellt euch die Liebe einer Mutter für ihr Kind vor! Alles, was die Mutter denken kann, bezieht sich auf das Kind! Hat die Mutter deswegen ihr eigenes Selbst verloren? Ist sie mit dem Kind verschmolzen? Besitzt sie keine eigene Personalität mehr? Nein! Im Gegenteil, sie hat in dieser Liebe, in dieser Beziehung zu ihrem Kind, ihre Erfüllung gefunden. Auf diese Weise sollen wir mit Gott verbunden sein! Interessanterweise wird uns in der westlichen Welt erzählt, wir sollen an Gott als unseren Vater denken. Aber das ist wirklich nur ein westliches Konzept. Im vedischen Verständnis lieben wir Gott in einer Art und Weise, als wäre er unser Kind. Wird Gott sich irgendwo seinen Fuß stoßen, weil er so klein und hilflos ist? Nein, natürlich nicht! Aber wir sorgen uns trotzdem darum, so groß ist unsere Liebe! In unserer Liebe zu Gott ist das Unmögliche möglich!

In einem der Räume hier hängt ein wunderschönes Gemälde von Mutter Yashoda, auf dem sie Krishna als kleines Baby in ihren Armen hält. Dieser Krishna ist der Avatar, der inkarnierte allumfassende Gott! Das Baby ist Gott! Und ihre Hingabe an Gott ist so groß, dass sie sich ständig um ihn Sorgen macht! Sie sorgt sich ständig darum, dass er rechtzeitig gefüttert wird usw. Tatsächlich braucht er nichts von alldem! Aber diese Art der Hingabe, das ist das Wichtige! Das ist die Natur der göttlichen Beziehung. Das ist Natur von Bhakti, von Hingabe an Gott. Und das ist die Natur der Liebe.

Alles, was wir erwähnt haben, unseren Körper, unseren Geist, unsere Sinne usw., … all das geben wir Gott zu seiner Freude! Das ist wahre Liebe! Ich gebe mein Selbst an Gott! Und warum tue ich das? Aus Pflichtgefühl? Nein, sondern weil ich weiß, dass es Dir, Gott, Freude bereitet und ich möchte Dich glücklich machen! Wenn eine Person aus Pflichtgefühl liebt, so ist das ganz nett, aber es ist zweitrangige Liebe. Eine Person, die nur aus Liebe liebt, das ist wahre Liebe! Einer solchen Person macht es einfach Freude zu sehen, dass derjenige, den sie liebt, ebenfalls Freude hat. Das ist wahre Liebe! Das ist Selbstlosigkeit! Das ist die Haltung, die Gesinnung, um die es geht. Wir geben alles, was wir sind, unser Selbst, an Gott, weil wir wissen, dass es Gott Freude macht.

Das ist Philosophie und das ist Schönheit! Das ist Philosophie und das ist Liebe! Das ist der Pfad, dem wir folgen. Diesem wundervollen Pfad. Diesem absolut wundervollen Pfad. Und das erfüllt uns in jeder Hinsicht.

Anhang

Sanatana Dharma und Buddhismus

Der Buddhismus entstand als ein Pfad innerhalb der vedischen Tradition. Erst einige Jahrhunderte nach dem Tod von Buddha entwickelte sich der Buddhismus zu einer eigenständigen Religion.

Viele hundert Jahre nach Buddhas bemerkenswertem Leben wurden viele philosophische Lehren in den Buddhismus integriert, die nicht das wiedergeben, was Buddha tatsächlich gelehrt hat, die aber heute als Grundbestandteile der buddhistischen Philosophie akzeptiert werden.

Diese falschen Lehren, die heute Bestandteile des Buddhismus sind, beinhalten:

Die Behauptung, dass es keinen Gott gibt (Atheismus),

die Behauptung, dass es keine unsterbliche Seele gibt (Anatman),

die Behauptung, des „NICHTS" als Urgrund des Seins (Shunyata) sowie

die ungerechtfertigte Ablehnung und Zurückweisung der vedischen Schriften.

Die originalen, reinen Lehren des Buddhas wurden zum heutigen Buddhismus umgewandelt. Der einzige Ort, an dem man die reinen Lehren des Buddhas heute noch finden kann, ist innerhalb der Lehren des Sanatana Dharma selbst, denn diesem Pfad folgte auch der Buddha während seines ganzen Lebens.

Das nachfolgende Interview mit Sri Dharma Pravartaka Acharya von Hindu-Radio fand im Jahre 2012 statt. Es handelt sich um die erste autorisierte und philosophisch korrekte Darstellung der wahren Natur und der Bedeutung des Buddhas und des Buddhismus aus vedischer Perspektive.

Sanatana Dharma und Buddhismus

Interview mit Sri Dharma Pravartaka Acharya

F: Hinduismus (Sanatana Dharma) und Buddhismus sind in den letzten Jahrzehnten im Westen sehr bekannt geworden. Da beide Lehren einander sehr ähnlich sind, meinen viele Menschen, es handelt sich mehr oder weniger um das Gleiche. Ist das so?

A: Das ist heutzutage eine sehr beliebte Frage. Tatsächlich ist sowohl der Hinduismus (Sanatana Dharma) als auch der Buddhismus in den letzten Jahrzehnten in der westlichen Welt sehr bekannt geworden. Beim Buddhismus ist natürlich ganz besonders auch der Dalai Lama für die Bekanntheit und das Wachstum dieser Lehre in den USA, in Europa und in der ganzen Welt verantwortlich. Und daher sind dies tatsächlich Fragen, die mir häufig gestellt werden: Wie sieht die Beziehung zwischen Hinduismus (Sanatana Dharma) und Buddhismus aus? Wie ist das Verhältnis zwischen diesen beiden Lehren? Das sind sehr aktuelle Fragen, gleichzeitig aber auch sehr komplizierte Fragen! Die Antwort ist nicht ganz so einfach, wie die Leute üblicherweise glauben. Lassen Sie mich einmal auf diese Weise mit der Antwort beginnen: So, wie die beiden Lehren heute existieren, nämlich als zwei separate Wege, sind sie nicht deckungsgleich. Hinduismus (Sanatana Dharma) und Buddhismus sind heute tatsächlich zwei unterschiedliche Religionen. Historisch jedoch, vor langer Zeit, als Buddha gelebt und gelehrt hat, handelte es sich um eine einheitliche Lehre. Beide Wege waren also identisch. Dies ist heute aber nicht mehr der Fall.

F: Können Sie uns etwas über die Entstehung des Buddhismus sagen sowie über die Unterschiede und Ähnlichkeiten von vedischer Spiritualität und Buddhismus?

A: Das ist ein umfangreiches Gebiet und das hängt natürlich auch damit zusammen, dass es sich, wie ich bereits sagte, ursprünglich um eine einheitliche Lehre handelte. Ich versuche einmal, es so kurz zu machen, wie es mir möglich ist. Zuerst einmal war Gautama Buddha ja in der Tat ein Hindu. Er folgte den vedischen spirituellen Lehren und lebte in der vedischen Kultur. Er wurde als Hindu geboren und lebte sein ganzes Leben lang, bis zu seinem Tod, als Hindu. Und er hat während seines ganzen Lebens zu keinem Zeitpunkt erklärt, dass er eine neue Philosophie oder gar eine neue Religion gründen will. Was er tatsächlich lehren wollte, war – und das wissen wir aus seinen Lehren und Texten – eine reinere, klarere Form der hinduistischen Lehre (Sanatana Dharma). Eine reinere, klarere Form des hinduistischen Pfads.

Etwas anderes, das die Menschen meist vergessen, wenn sie über den Buddha sprechen, oder von ihm hören, ist die Tatsache, dass Buddha selbst tatsächlich ein hinduistischer Yogi war. Er war jemand, der sein ganzes Leben lang Yoga praktizierte und der in seiner Yoga-Disziplin Perfektion erreichte. Und wenn man sich seine Originallehren ansieht, wie man sie am ehesten noch in der alten Pali-Literatur findet, so sieht man, dass viele seiner Lehren mit dem übereinstimmen, was man beispielsweise in den vedischen Upanischaden findet. Ich möchte kurz ein wenig vom Leben des Buddhas erzählen, denn das ist wirklich eine erstaunliche Geschichte. Mit Rücksicht auf all diejenigen, die die Lebensgeschichte des Buddhas bereits kennen, werde ich es tatsächlich ganz kurz machen.

Buddha wurde als ein Hindu-Prinz geboren und erzogen. Weil seinem Vater prophezeit worden war, dass sein Sohn ihn und das Königreich eines Tages verlassen würde, um ein Heiliger zu werden, ermöglichte der Vater seinem Sohn ein besonders luxuriöses Leben, um ihn von dem, was die Prophezeiung aussagte, abzuhalten. Aber es kam dennoch so, wie es prophezeit worden war; Buddha wollte irgendwann herausfinden, welche Bedeutung das Leben hat, er verließ seinen Vater und wurde ein Yogi. Fünf, sechs Jahre lang lebte er im Wald und praktizierte besonders harte Enthaltsamkeitsübungen, Yoga, Meditation usw. Und er erreichte nach fünf oder sechs Jahren tatsächlich den Zustand des Nirwana, also im Wesentlichen das, was als vollkommene Selbst-Erkenntnis oder als Erleuchtung bezeichnet wird. Das ist die wunderschöne Geschichte des Buddhas. Als er dann nach seiner Erleuchtung seinen einsamen Meditationsplatz verließ und sich wieder unter die Menschen begab, waren die ersten Personen, die ihn sahen, ganz überwältigt von seiner Ausstrahlung. Das ist nicht überraschend, denn wenn ein Mensch Erleuchtung erfährt und er so zum Heiligen wird, dann umgibt ihn ein Leuchten, eine magnetische Aura, die ihm eine außerordentliche Präsenz verleiht. Und die Menschen, die ihm begegneten, waren einfach erstaunt davon und darum begannen sie ihm Fragen zu stellen: Wer bist Du? Bist Du ein Gott? Und seine Antwort auf diese Fragen machte ihn berühmt. Er sagte: Ich bin erwacht! So viel zur Entstehung des Buddhismus.

Ich möchte jetzt noch ein bisschen über die Ähnlichkeiten erzählen, zwischen der Lehre des Hinduismus (Sanatana Dharma) und dem, was Buddha ursprünglich sagte. Beide Lehren betonen die Idee des Dharma. Dharma bedeutet: Wenn wir die Welt um uns her betrachten, können wir natürliche Gesetze oder Gesetzmäßigkeiten im Universum sehen und wir erkennen, dass wir Glück und Zufriedenheit erreichen, wenn wir in

Übereinstimmung mit diesen Gesetzen leben. Dieses Konzept verbirgt sich hinter dem Begriff: Dharma. Und beide Traditionen unterstützen dieses Konzept. Ein weiterer Punkt ist der feste Glaube an Karma und Reinkarnation. Sowohl im Hinduismus als auch im Buddhismus geht man davon aus, dass wir gemäß unserem jeweiligen Karma in neuen Inkarnationen wiedergeboren werden. Darüber hinaus gibt es in beiden Religionen den Glauben an Devas (Halb-Götter bzw. Engel) und Asuras (Teufel bzw. Dämonen). Also die Überzeugung, dass es im Universum sehr machtvolle Wesenheiten gibt, die Gott zugewandt sind und zugleich auch machtvolle dämonische Wesen, die sich gegen Gott gewandt haben und die man meiden sollte. Weiter gibt es in beiden Traditionen das Konzept von Tri-Loka. Damit ist gemeint, dass es im Universum drei unterschiedliche Seins-Ebenen gibt, nämlich: zum einen den Bereich, in dem sich unsere Erde befindet, und zum anderen die Bereiche des Himmels und die der Hölle. Es gibt also die Seins-Ebene unserer irdischen Welt und darüber bzw. darunter angeordnet die Seins-Ebene des Himmels und die Seins-Ebene der Hölle. Und sowohl im Hinduismus als auch im Buddhismus wird es als das Ziel des Lebens angesehen, alle drei Ebenen des Seins zu transzendieren und direkt in Gottes geistige Welt einzugehen.

Eine weitere Gemeinsamkeit von Buddhismus und Sanatana Dharma (Hinduismus) ist der Glaube an bestimmte ethische Prinzipien. Zum Beispiel an die Idee, dass wir bei allem, was wir tun, moralisch einwandfrei handeln sollen. Im Zusammenhang damit steht auch das Prinzip von Ahimsa, der Gewaltlosigkeit, das ebenfalls in beiden Lehren sehr stark betont wird. Und zusätzlich auch der Vegetarismus. Eines der Dinge, auf die Buddha seinerzeit besonderen Wert legte, war es, den Vegetarismus wieder zu etablieren. Zu der Zeit als Buddha lebte, vor etwa 2.500 Jahren, hatten viele Menschen in Indien den Vegetarismus aufgegeben. Vegetarismus ist also eine wichtige Eigenschaft von beiden philosophischen Richtungen. Die Praxis der Meditation findet man ebenfalls sowohl im Buddhismus als auch im Hinduismus. Darüber hinaus auch Yogaübungen und die Praxis ritueller Verehrung (Puja) von Heiligen oder (Halb-)Göttern. Darüber hinaus auch Feuer-Rituale (Homa). Das ist insbesondere im tibetischen Buddhismus eine sehr wichtige und sehr verbreitete Praxis.

Und auch auf philosophischer Ebene gibt es Gemeinsamkeiten. Die buddhistische Idee von Pratitya-Samutpada zum Beispiel, das ist die Idee der voneinander abhängigen Entstehung. Sie besagt, dass alles Existierende seine Existenz anderen, bereits existierenden Dingen verdankt. Diese Idee ist nicht nur buddhistisch, nein, sie ist in gleicher Weise auch im Hinduismus (Sanatana Dharma) ganz genauso vorhanden. Und ebenso verhält es sich auch mit der Idee des Anitya, das ist die Idee der Unbeständigkeit. Mit dem Begriff Nitya wird im Sanskrit das Ewig Seiende bezeichnet, Anitya bedeutet das Gegenteil davon: Nicht ewig seiend, nicht dauerhaft. Das bedeutet konkret: Alles, was wir um uns herum sehen, ist vorübergehender Natur. Diese Idee wird in beiden Traditionen vertreten. Und das sind nur einige wenige von hunderten und hunderten von Übereinstimmungen.

F: Buddha folgte also der vedischen Tradition. Warum unterscheidet sich der Buddhismus dann aber heutzutage so sehr von den ursprünglichen Lehren des Buddhas?

A: Das ist eine sehr gute Frage und damit kommen wir wirklich zum Kern der Sache! Es ist sehr interessant. Wenn wir uns den Buddhismus ansehen, so wie er heute ist, in unserer gegenwärtigen Zeit, müssen wir verstehen, dass es in der historischen Entwicklung tatsächlich einen Unterschied gibt, zwischen Buddha selbst und dem, was er gelehrt hat, und dem, was man heute unter institutionellem Buddhismus versteht. Diese beiden Dinge sind nicht gleich, sie unterscheiden sich. Viele Menschen erkennen einen gleichen Vorgang, wenn man das Christentum betrachtet. Viele intelligente Menschen sehen, dass die Lehren von Jesus und das institutionelle Christentum ebenfalls nicht identisch sind. Es sind zwei völlig getrennte Dinge. Und das Gleiche kann gesagt werden in Bezug auf das, was der Buddha ursprünglich sagte und lehrte, und dem, was sich im Verlauf von 2.500 Jahren daraus entwickelt hat und was wir heute Buddhismus nennen. Weil das allerdings in der westlichen Welt kaum bekannt ist, fühlen sich viele Menschen in den USA oder auch in Europa zum Buddhismus hingezogen, ohne die philosophischen Inhalte und deren Wirkung und Bedeutung wirklich verstanden zu haben. Um hier zu einem besseren Verständnis zu gelangen, müssen wir uns ansehen, was Buddha eigentlich ursprünglich gelehrt hat. Aber zuvor möchte noch ein wenig auf die geschichtliche Entwicklung des Buddhismus eingehen.

Einige hundert Jahre nach Buddhas Leben und Lehren gab es eine Reihe von Beratungs-Zusammenkünften (Konzile), um die Lehren des Buddhas zu sammeln und zu katalogisieren und um eine Art Institution für diese Lehren zu schaffen. Das wichtigste dieser Konzile war das dritte Konzil, das unter der Leitung des berühmten indischen Herrschers Ashoka stattfand, etwa um das Jahr 250 vor Christus. Auf diesem Konzil institutionalisierte Ashoka den Buddhismus in einer Art und Weise, dass er die damals existierenden vielen unterschiedlichen buddhistischen Schulen und Lehren in eine einheitliche Form zwang und damit die institutionelle Grundlage für das schuf, was später dann Buddhismus genannt wurde. Das ist die erste wichtige Gegebenheit, die Buddhas Lehren so veränderte, dass sie später dann zu dem wurden, was wir heute unter Buddhismus verstehen.

Der zweite wichtige Einfluss kam von einem sehr wichtigen Philosophen mit Namen Nagarjuna. Nagarjuna lebte etwa zwischen 150 bis 250 nach Christus. Und Nagarjuna veränderte ebenfalls die Lehren des Buddhas, indem er das Konzept des Shunyata einführte. Shunyata bedeutet „Nichts" oder „das Nichts" (engl.: Nothingness). Ich möchte darauf später noch einmal etwas genauer eingehen.

Zuvor möchte ich einen Vergleich aufstellen: Das, was die beiden Personen, nämlich Ashoka durch die Institutionalisierung und Nagarjuna durch das Einbringen philosophischer fremder Konzepte (Shunyata), für den Buddhismus bedeuten, entspricht in etwa dem, was mit dem Leben und den Lehren von Christus geschah, als diese in das sog. paulinische Christentum und damit in die formalen kirchlichen Lehren überführt wurden. Viele christlich geprägte Menschen haben die Beobachtung gemacht, dass es eigentlich zwei christliche Lehren gibt: zum einen die Lehre direkt aus den Evangelien, also die direkten Lehren von Jesus, und dann gibt es das Christentum der konfessionellen Kirchen, die eine viel dogmatischere und fundamentalistischere Lehre verbreiten. Das Gleiche ist mit den Lehren Buddhas und dem heutigen Buddhismus geschehen.

F: Es hört sich so an, als ob die Veränderungen an der Originallehre des Buddhas den Verfälschungen und Entstellungen gleichen, die die Lehre von Christus im späteren Christentum erfahren hat?

A: Ja, die Parallelen sind beeindruckend. Und interessanterweise findet man diesen Vorgang historisch gesehen immer wieder. Man sieht immer wieder, dass ein großer spiritueller Lehrer die Bühne betritt. Er verfügt über eigene und direkte, spirituelle Erfahrungen des Göttlichen. Seine Anhänger haben zumeist nur einen geringen Bruchteil dieser Erfahrungen, aber sie versuchen dennoch den Lehrer zu verstehen. Und dann irgendwann verlässt sie der Lehrer. Und dann geschieht es innerhalb weniger Generationen – im Fall von Jesus schon nach einer Generation –, dass die Originallehren katalogisiert, konkretisiert und institutionalisiert werden. In vielen Fällen werden sie sogar auf verschiedenste Weise verändert! Man findet diesen Vorgang also im Christentum und für viele vielleicht überraschend, geschah das Gleiche beim Buddhismus. In gleicher Weise, wie der römische Kaiser Konstantin das Christentum institutionalisierte und konkretisierte, tat es Ashoka beim Buddhismus. Interessanterweise waren beides Herrscher und Eroberer, die zu dem gerade neu geschaffenen, spirituellen Pfad konvertierten. Und da es sich bei beiden um Kaiser bzw. um Herrscher handelte, stellten sie beide fest, dass ihnen die jeweiligen spirituellen Lehren nicht ordentlich genug organisiert und konkretisiert waren. Und daher taten sie genau das. Sie schufen eine Organisationstruktur und feste Definitionen der Lehrinhalte, gemäß ihrem persönlichen Verständnis. Und es geht noch weiter. Auch die Parallele, wie Paulus im Christentum auf der einen Seite und Nagarjuna im Buddhismus auf der anderen Seite die Originallehren veränderten, ist sehr verblüffend und eindrucksvoll.

F: Was lehrt der zeitgenössische institutionelle Buddhismus heute?

A: Wenn wir über den heutigen Buddhismus sprechen, der wie bereits gesagt, stark von den Originallehren des Buddhas abweicht, finden wir viele Inhalte und Konzepte, mit denen insbesondere die westlichen Anhänger des Buddhismus, überhaupt nicht einverstanden wären, wenn sie diese kennen würden. Und diejenigen, die diese Inhalte möglicherweise dennoch kennen und dem Buddhismus trotzdem folgen, haben zumeist für sich selbst beschlossen, diese Dinge einfach zu ignorieren. Ich erkläre gern einmal, was ich genau damit meine.

Der zeitgenössische Buddhismus lehrt beispielweise eine falsche Interpretation des Begriffs: Anatman. Anatman bedeutet im Wesentlichen: Es ist in uns keine Seele bzw. es ist in uns kein unsterbliches Selbst vorhanden! Das ist sozusagen die wörtliche Übersetzung des Begriffs: Anatman. Tatsächlich hat Buddha selbst diese Idee gelehrt, aber das heutige Verständnis davon ist etwas vollkommen anderes als das, was Buddha lehrte. Buddha meinte ursprünglich, als er davon sprach, dass es keine Seele bzw. kein unsterbliches Selbst gibt, dass es kein MATERIELLES Selbst gibt. Es gibt kein unsterbliches Selbst, das aus vergänglichen materiellen Komponenten zusammengesetzt ist.

Die (materielle) Form ist nicht die Seele bzw. das unsterbliche Selbst (d.h., sie ist Anatman), die Gefühle sind nicht die Seele bzw. das unsterbliche Selbst (d.h., sie sind Anatman), die Wahrnehmungen sind nicht die Seele bzw. das unsterbliche Selbst (d.h., sie sind Anatman), auch alle sonstigen, zusammensetzten Dinge oder Eigenschaften sind nicht die Seele bzw. das unsterbliche Selbst (d.h., sie alle sind Anatman) und auch der Verstand ist nicht die Seele bzw. das unsterbliche Selbst (d.h., auch sie sind Anatman). Wenn man das erkennt, ist das das Ende der (Wieder-) Geburt. Der göttliche Lebensauftrag ist erfüllt. Was getan werden musste, wurde getan. (Gautama Buddha: Majjhima Nikaya, 3.196)

Es gibt keine Seele bzw. kein unsterbliches Selbst, das mit dem Körper, den Emotionen, dem Intellekt etc. identisch wäre. So weit, so gut! Dennoch lehrte der Buddha, dass es eine ewige immaterielle Seele, ein ewiges transzendentes Selbst, in uns gibt. Woher wissen wir das? Nun, er gebrauchte tatsächlich den Begriff: Atman (ewiges unteilbares Selbst). Er benutzte diesen Begriff immer wieder, wie es auch in der Original-Literatur über seine Lehren nachgelesen werden kann:

Anguttara Nikaya, 1.249; 1.149; 2,52
Samyutta Nikaya, 3.196; 5.9
Dhammapada, 379-380
Maijjhima Nikaya, 1.141; 1.232
Digha Nikaya, 2.154

Viele Schulen des Buddhismus sind sich dessen auch vollkommen bewusst. Buddha vertrat tatsächlich die Lehre vom Atman (dem ewigen, unsterblichen, transzendenten Selbst), denn er benutzte genau diesen Begriff. Zusätzlich führte er das Konzept des Anatman ein, mit dem er darauf hinweist, dass es kein MATERIELLES Selbst gibt. Dieses ergänzende Konzept führte nun im zeitgenössischen Buddhismus dazu, dass man dort heute die Auffassung vertritt, es gäbe buchstäblich überhaupt kein Selbst! Es gäbe keine Seele, keinen ewigen, transzendenten Wesenskern. Aber das ist nicht das, was Buddha tatsächlich gelehrt hat.

Darüber hinaus ist der zeitgenössische Buddhismus atheistisch. Auch daran kann es keinen Zweifel geben, denn der Dalai Lama selbst hat ganz stolz darüber gesprochen.

Grundsätzlich können Religionen in zwei Gruppen unterschieden werden. Eine Gruppe wie das Judentum, das Christentum, der Islam sowie einige alte indische religiöse

Traditionen (Vishnuismus/Sanatana Dharma) bezeichne ich als **GOTT-Religionen. Ihr grundlegender Glaube gilt einem Schöpfer. Die andere Gruppe der religiösen Traditionen, zu der u.a. der Jainismus und der Buddhismus gehören, nenne ich üblicherweise GOTTLOSE-Religionen. Sie glauben nicht an einen Schöpfer!** (Dalai Lama)

Wenn man einen buddhistischen Lehrer, einen Mönch oder eine andere buddhistische Autorität fragt: Glaubst du an Gott? Dann werden sie antworten: Nein, wir glauben nicht an Gott! Sie sind vollkommene Atheisten!

Ein anderer zeitgenössischer Glaube im heutigen Buddhismus ist das ursprünglich von Nagarjuna geschaffene Konzept des Shunya Vada bzw. Shunyata. Das Konzept des Shunyata bedeutet, dass für alles, was existiert, sei dieses nun wahrnehmbar oder auch nur denkbar, letztlich nachgewiesen werden kann, dass es nur vorübergehend existiert. Daraus folgt, dass das Absolute in letzter Konsequenz aus Nichts besteht. Das sind die Lehren von Nagarjuna, die dann von anderen Philosophen aufgegriffen und weiterentwickelt wurden. Allerdings lebte Nagarjuna wesentlich später als Buddha. Nagarjuna lebte gegen Ende des 1. Jahrhunderts nach Christus und Buddha lebe 500 vor Christus, also rund 600 Jahre früher. Und wir wissen, dass die Idee des Shunyata, die Idee vom Nichts als Quelle des Seins, also die Idee des Nihilismus, keineswegs vom Buddha gelehrt wurde.

Ich bin kein Nihilist, weder jetzt noch in der Vergangenheit. Ich bin nie jemand gewesen, der die Auslöschung des Seins gelehrt hat. Stattdessen habe ich über die Quelle des Leids gesprochen und wie man das beendet. (Gautama Buddha: Majjhima Nikaya, 1.140)

Und es gibt noch weitere Probleme, die wir im zeitgenössischen Buddhismus, also in der veränderten Form der Originallehre Buddhas, heute erkennen können.

Zusätzlich zu dem, was ich bereits ausgeführt habe, geht der zeitgenössische Buddhismus nicht von einer transzendenten Beständigkeit aus, also nicht von einem ewigen, transzendenten Sein, es gibt bei ihm daher keine transzendente Basis unserer materiellen Realität. Und ohne eine solche transzendente Basis für unsere Realität gibt es auch keine philosophischen oder spirituellen Aufgaben oder Ziele, die wir zu erreichen hätten.

Ein anderes Problem liegt in der zeitgenössischen buddhistischen Erkenntnistheorie. Die buddhistische Erkenntnistheorie lehnt nicht nur die Lehren der Veden ab und weist diese zurück, die Idee eines Zugangs zu einer transzendenten Weisheit wird generell abgelehnt, ja es wird gar die Existenz einer transzendenten Weisheit bestritten. Stattdessen geht die buddhistische Erkenntnistheorie davon aus, dass wir nur das erkennen und wissen können, was wir mit unseren Sinnen und mit unserem Verstand erfassen. Das Problem bei diesem Ansatz ist: Wir sind weder mit unseren Sinnen noch mit unserem Verstand identisch. Damit stimmt sogar der Buddhismus selbst überein. Daher ist es uns eigentlich unmöglich, irgendetwas positiv zu wissen. Und wenn wir nichts wissen können, können wir auch die Wahrheit nicht kennen und letztlich können wir auch das Nirvana nicht kennen.

Und zum Schluss gibt es das größte Rätsel der heutigen buddhistischen Lehre. Der zeitgenössische Buddhismus lehrt, dass es kein Selbst bzw. keine Seele im Menschen gibt. Dies ist tatsächlich genau so gemeint: Es gibt kein Selbst! Schon die Idee, dass es ein fortdauerndes Selbst bzw. eine ewige

Seele im Menschen geben könnte, ist gemäß den modernen buddhistischen Lehren eine Illusion. Nun hat Buddha aber für seine Schüler und Anhänger eine bestimmte Aufgabe und ein Ziel definiert, das es zu erreichen gilt. Und welches Ziel ist das? Es ist die Überwindung des Leidens, indem man das Nirvana erreicht. Wenn es nun jedoch kein Selbst gibt, das Leid empfindet und vom Leiden befreit werden könnte, und wenn es kein Selbst gibt, das ins Nirvana eingehen könnte, wenn also niemand da ist, von dem die Glückseligkeit des Nirvanas genossen werden kann, welchen Sinn macht es dann, sich darum zu bemühen, das Nirvana zu erreichen? Man sieht hier sehr deutlich, dass das gesamte spirituelle System durch diese nachträglich hinzugefügten Ideen untergraben und letztlich zerstört worden ist.

Was wir also erkennen ist, dass der gegenwärtige Buddhismus, der erst viele, viele Jahrhunderte nach Buddhas Leben entwickelt worden ist, viele Rätsel, Probleme und philosophische Konfusionen enthält, die nicht wegdiskutiert werden können.

F: Was bedeutet all das für das Verhältnis der buddhistischen Philosophie zur vedischen Philosophie bzw. zum Santana Dharma (Hinduismus)?

A: Zuerst einmal ist sehr wichtig sich darüber im Klaren zu sein, wie die Lehren Buddhas ursprünglich einmal, im Original, ausgesehen haben. Denn dann erkennt man, dass diese Originallehren in viel größerem Maße mit der vedischen spirituellen Lehre übereinstimmen als viele Menschen heute glauben. Insbesondere sollte man wissen, wie die Lehre Buddhas in Bezug auf die Existenz des unvergänglichen Selbst, der ewigen Seele, ausgesehen hat.

Ich wiederhole daher: Buddha benutzte den Begriff: Atman! Er sprach vom Atman in sehr positiver Weise, er erklärte in vielen seiner Ausführungen, dass es das Ziel ist, das Selbst zu erkennen, und in den Originaltexten benutzt er auch hier den Begriff Atman.

Alle Geschehnisse sind zeitlich begrenzt … alle Geschehnisse sind leidvoll … all diese Phänomene sind nicht das Selbst, wenn das mit Einsicht erkannt wird, ist man von der Illusion des Leidens befreit. Dies ist der Weg zur Reinheit. (Gautama Buddha: Dhammapada, 277-279)

Man findet im sehr frühen Buddhismus außerdem ein wichtiges Konzept mit Namen: Tathagatagarbha. Auch dieses Konzept bezieht sich auf das unvergängliche Selbst, die ewige Seele, als unseren Wesenskern.

Ich möchte abschließend zum Verhältnis zwischen dem zeitgenössischen Buddhismus und dem Hinduismus (Sanatana Dharma) noch einmal Folgendes betonen: Die Lehren des heutigen Buddhismus stellen eine sog. Via Negativa dar. Tatsächlich lehren sie die Wahrheit, daran gibt es keinen Zweifel. Ich sage also nicht, dass die buddhistischen Lehren wertlos wären, im Gegenteil, sie sind sehr wertvoll, aber eben als eine Via Negativa. Der Buddhismus sagt uns, was die Realität NICHT ist. Und in bestimmter Weise ist es genau das, worauf Buddha selbst besonders hingewiesen hat. Die Lehren Buddhas und der Buddhismus lehren uns: Wir sind nicht unser Körper! Wir sind nichts von dem, was zeitlich begrenzt ist!

Unglücklicherweise hört der Buddhismus jedoch an dieser Stelle auf! Der Buddhismus erzählt uns, was wir NICHT sind, aber er geht nicht den entscheidenden Schritt weiter, um uns danach positiv zu sagen, was wir sind! Der Buddhismus bietet uns also eine Via Negativa, einen negativen Weg, einen Weg der Verneinung. Aber er bietet uns keine Via Positiva, keinen positiven Weg, keinen Weg, der uns positiv erklärt, was das Wesen unseres ewigen Seins ist. Um das zu erkennen, müssen wir uns dem Vedanta zuwenden. Und im Vedanta können wir dann positiv erkennen, wie es um die Natur des Atman bestellt ist. Nicht nur, dass wir Atman sind, sondern auch wie das Wesen des wahren Selbst, der Seele, aussieht.

F: Wie können wir die ursprünglichen Lehren des Buddhas mit unserem Verlangen nach Gott und dem Erkennen unseres wahren Selbst, unserer ewigen Seele, verbinden?

A: Im Hinduismus (Sanatana Dharma) wird gelehrt, dass Buddha tatsächlich ein Avatar gewesen ist, eine Inkarnation Gottes, die zu uns gesendet wurde, um uns zu unterrichten. Und wir sehen ebenfalls, dass die ursprünglichen Lehren Buddhas sehr gut mit den Lehren des Sanatana Dharma übereinstimmen. Und eigentlich ist Sanatana Dharma reines Buddha Dharma.

Weiterführende Informationen

zu Sri Dharma Pravartaka Acharya

und seine Videovorträge in englischer Sprache

finden Sie unter:

http://www.dharmacentral.com

176